AF401261

UN

CURÉ DE POITIERS

(1749-1840)

OU

L'HISTOIRE DE LA RÉVOLUTION FRANÇAISE

DANS UNE FAMILLE POITEV

D'APRÈS DES DOCUMENTS PEU CO͏‌   OU INÉDITS

PAR

L'Abbé P.-A. LEBRUN

Chanoine honoraire
Curé-doyen de Saint-Savin-sur-Gartempe.

Mortuus est in senectute bonâ, provectæ-
que ætatis, et plenus dierum.

(Gencs. **xxv**, 8.)

EN VENTE

A LA LIBRAIRIE TOUCHARD ET JAMIN

RUE NOTRE-DAME-LA-PETITE, POITIERS

1885

UN

CURÉ DE POITIERS

UN
CURÉ DE POITIERS

(1749-1840)

OU

L'HISTOIRE DE LA RÉVOLUTION FRANÇAISE

DANS UNE FAMILLE POITEVINE

D'APRÈS DES DOCUMENTS PEU CONNUS OU INÉDITS

PAR

L'ABBÉ P.-A. LEBRUN

Chanoine honoraire
Curé-doyen de Saint-Savin-sur-Gartempe.

*Mortuus est in senectute bonâ, provectæ-
que ætatis, et plenus dierum.*
(Genes. xxv, 8.)

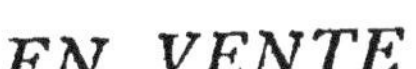

EN VENTE

A LA LIBRAIRIE TOUCHARD ET JAMIN

RUE NOTRE-DAME-LA-PETITE, POITIERS

1885

PRÉFACE.

Cette biographie de notre grand-oncle, François Sabourin, ancien curé de Montierneuf de Poitiers, qui est en même temps une monographie de la Révolution française, nous la publions pour deux raisons : d'abord pour nous acquitter d'une dette de reconnaissance qui nous pèse depuis déjà trop longtemps ; ensuite pour utiliser de nombreux et précieux documents qu'il nous a laissés sur l'une des plus tristes époques de notre histoire. Ce sont ces documents qui parleront dans ce livre, beaucoup plus que l'auteur lui-même. Par égard pour certaines familles poitevines que nous n'avons pas voulu compromettre, nous avons jugé bon de sacrifier quelques-uns de ces documents, en ne les citant pas. Une seule pensée nous a dirigé dans le choix des citations que nous avons faites, à savoir : que, sans tout approuver, il est temps de tout dire ; que la fable de Florian, la Vérité et la Fable, n'est plus de saison ; qu'en face du faux et du mensonge qui dominent, à l'heure qu'il est, toutes les relations humaines, il faut poser la vérité toute nue, et sans les oripeaux dont on la couvrait autrefois. Nous n'avons point fait une œuvre de parti ;

nous avons agi , autant qu'il nous a été possible, avec la plus grande impartialité. Nous croyons, au contraire, que tous les partis pourront y recevoir de bonnes leçons, et en particulier ceux que le mirage de leurs fausses opinions conduit souvent à leur perte, quand par leur position, leurs talents et leur influence, ils n'y conduisent pas aussi les autres. Quant à nous, dans cette vie de celui qu'à bon droit nous avons appelé le héros, nous trouvons de grands exemples de fixité, de stabilité, dans ce que véritablement on peut appeler des principes politiques et religieux ; nous y trouvons aussi de grands exemples de courage, d'énergie, de résignation chrétienne, au milieu de ces catastrophes qui arrivent de temps en temps dans la vie des peuples, et par suite dans la vie des individus.

Que Dieu bénisse ce travail et qu'il lui fasse produire quelque bien ! c'est la seule jouissance que nous ayons cherché à obtenir en l'écrivant, et c'est le seul sentiment qui reste dans notre âme sacerdotale et patriotique.

Saint-Savin-sur-Gartempe, 13 janvier 1885,
En la fête du grand saint Hilaire, évêque de Poitiers,

L'abbé LEBRUN,
Ch. hon., curé-doyen de Saint-Savin.

UN
CURÉ DE POITIERS

1749-1880

CHAPITRE Ier.

LE HÉROS.

RANÇOIS Sabourin naquit à Poitiers, à quelques pas de l'église de Montierneuf, dont plus tard il sera le pasteur (1787). Il y fut baptisé le jour de sa naissance, 27 avril, en l'année 1749 ; et malgré les temps qui les séparent l'un de l'autre, et les événements prodigieux qui se sont accomplis dans l'intervalle, et auxquels il a été mêlé, lui et les siens, la tombe que nous espérions lui donner et qu'il attend encore lui-même, se trouve bien près de son berceau (1). «... Je désire que mes dépouilles mortelles soient déposées dans l'intérieur de l'église de Montierneuf; et je demande cette faveur qui ne me sera pas refusée, j'espère, comme restaurateur de cette même église de Montierneuf, démolie en partie pendant la révolution...» — Testament de François Sabourin, curé de Montierneuf.

Antoine Sabourin, son père, fut chef d'industrie en laine, dans cette partie la plus pauvre, alors comme aujourd'hui, de la ville de Poitiers, qu'on appelle la paroisse de Montierneuf, et dans un temps où le bonnet de laine était ordinairement le *chapeau* du pauvre peuple, et les bas de laine, le complément nécessaire de la culotte courte ; à une époque aussi où la machine humaine, qui fait moins vite, mais qui fera toujours mieux, n'ayant pas encore été remplacée par la machine de bronze ou d'acier, les machines d'Antoine Sabourin étaient les bras des pauvres habitants de Montierneuf, surtout des femmes. Assises dans les rues devant leurs portes, quand le temps le permettait, et armées d'un instrument composé de deux gros chardons enfilés dans une tige de fer, elles cardaient la laine des bonnets et des bas, et cadençaient leur travail en chantant une chanson, dans le refrain de laquelle Sabourin rimait avec pain. La rime n'était pas

---

(1) Il est né dans la rue des Curés, et sa maison paternelle a servi de presbytère jusqu'à la construction du presbytère actuel par M. Lacroix, son successeur.

absolument très riche, mais elle était certainement
sur des lèvres bien pauvres.

J'ai vu souvent, il y a près d'une soixantaine d'années déjà, dans une maison au bas de la rue des Curés
où j'allais apprendre, d'un diacre, les premiers élé-
ments de la langue latine, un vieillard toujours assis
dans l'un des angles d'une haute cheminée. Il portait
une culotte courte, un frac noir, un chapeau à deux
cornes, l'une par devant et l'autre par derrière. Silen-
cieux comme les chenets sur lesquels il appuyait ses
longues jambes ; presque immobile, excepté dans la
partie de ses deux avant-bras ; *seul*, malgré la présence du diacre, son fils, de sa femme et de sa fille,
travaillant au faible jour d'une fenêtre à petits car-
reaux plombés : sans parler de la misère assise en
face de lui, dans l'autre angle de son foyer, et d'autant
plus cruelle qu'elle était invisible, et qu'elle s'ap-
pelait la misère cachée ; ce vieillard, qui passait tout
son temps à carder la laine d'un bas avec l'instrument dont j'ai parlé tout à l'heure, était, en 1825 ou
26, une épave de l'ancienne industrie d'Antoine Sabourin, ou, si l'on veut, c'en était la statue vivante et
symbolique.

Antoine Sabourin eut quatre enfants, trois garçons
et une fille. Celle-ci, du nom de Jeanne, a vécu jusqu'à sa mort, non pas dans l'oubli des siens qui l'af-
fectionnaient beaucoup, mais dans l'oubli du monde,
et ne nous a laissé de son histoire que ses souffrances
et sa résignation. Deux de ses garçons ont été prêtres,

Joseph et François ; le troisième, nommé Jean, s'est marié à Thouars avec une demoiselle Frogier, fille de Pierre Frogier, lieutenant de M. le premier chirurgien du roi, et nièce de François Drapeau, prêtre, chanoine du chapitre de Notre-Dame du château de Thouars. De ce mariage il eut quatre enfants : deux garçons, Armand et Pascal, et deux filles, Rosalie et Marie-Anne. Cette dernière a été la marraine de celui qui écrit ces lignes, et qui lui devait cet affectueux et pieux souvenir.

Leur père et grand-père, Antoine Sabourin, avait augmenté par son labeur et son savoir-faire un modique patrimoine, qu'il leur laissa, encore dévoré aux trois quarts par la révolution ; mais il voulut surtout leur léguer un bien qui n'est plus, hélas ! apprécié dans les héritages et dans les successions : ce bien c'est sa foi, la foi de ses ancêtres, cette foi de la vieille France catholique qu'il estimait au-dessus de tout, et dont il imprégna de bonne heure l'âme de ses enfants. J'ai en main le catéchisme du concile de Trente, traduit en français, livre éminemment clérical, et dans lequel cet ancien faisait souvent ses lectures.

La jeunesse de François, son fils, ne nous est guère connue que par des ouï-dire et par sa vieillesse. Il nous a souvent raconté lui-même ses espiégleries d'enfance, ses tours d'écolier, qui supposaient déjà l'esprit le plus vif, le caractère le plus hardi, le plus entreprenant et à la fois le plus heureux qu'il soit possible d'imaginer : jeux d'enfants toujours accompagnés d'un tel à-propos et d'une telle dextérité, d'une si bonne

malice, qu'ils échappaient souvent à la surveillance la
plus attentive ou se faisaient pardonner lorsqu'enfin
on les avait surpris.

Nous avons ajouté que nous connaissons encore sa
jeunesse par sa vieillesse : et la raison, c'est que les
extrêmes se touchent, et que, dans la vie de l'homme,
ce proverbe, sous bien des rapports, est plus vrai qu'on
ne pense. N'en est-il point encore parmi ceux qui liront
ces lignes, se rappelant qu'à l'époque de la restauration
de l'église de Montierneuf, on voyait un vieillard
monté sur les points les plus dangereux de l'édifice,
inspectant les travaux, encourageant les manœuvres,
qu'il étonnait autant par sa hardiesse et son aplomb
que par sa compétence en toutes leurs matières ? ou
encore, dans ses moments de loisir, lorsqu'il allait prendre quelque repos au domaine rural de ses ancêtres,
que de gens surpris à l'aspect du même vieillard alors
plus qu'octogénaire, un bâton à la main, une visière
sur le front, indice de la faiblesse de sa vue, en pré-
férant toutefois à la grande route de Paris, ci-devant
royale, la rampe étroite et dangereuse qui la borde,
pour faire ainsi plus proprement un kilomètre de
chemin ! Qu'on pardonne tous ces détails à la fidélité
de mes pinceaux (1).

Nous joignons à tout cela, pour continuer son portrait, une excessive finesse d'esprit, laquelle, indépen-

---

(1) Cette biographie a été écrite, ou du moins ébauchée en
l'année 1851.

damment de ses connaissances si variées, de son jugement sûr, de sa longue expérience des hommes et des
choses, rendait sa conversation des plus intéressantes
pour tous ceux, et en grand nombre, qui savaient l'apprécier ; puis des traits malins lancés çà et là, qui péné-
traient jusqu'au vif, mais trop bien décochés pour
qu'on pût s'en plaindre ; une physionomie noble,
ouverte, distinguée, rappelant dans sa jeunesse les
traits les plus fins, l'ensemble le plus gracieux, et
devant faire de toute sa personne un charme, un aimant,
au dire d'un connaisseur de ce temps-là, dont voici, du
reste, les propres expressions, datées de 1784 : « Oh !
monsieur Sabourin, son mérite et ses rares qualités
sont un aimant irrésistible qui nous entraîne et qui
nous captive ».

Cependant il détestait les flatteurs, encore plus pour
lui-même que pour les autres. Une prévenance exagérée,
de quelque part qu'elle vînt, eût été mal reçue. Et ici
qu'on nous permette ces réflexions : dans un temps
où le cœur semble avoir changé de place ; où il s'épar-
pille par tous les pores et s'échappe par la gesticulation
de tous les membres ; où il suit l'épine dorsale dans
toute sa souplesse et dans tous ses contours, n'ayant
parfois d'autre expression qu'un ricanement glacial
qui passe pour d'agréables sourires ; n'est-il pas bon
que quelques-uns le gardent encore, le cœur, au lieu
où la divine Providence l'avait d'abord placé, avec son
réservoir secret de pures affections, de sentiments
vrais, qui n'en découlent que doucement, insensible-

ment, et qui n'en débordent qu'au temps opportun ? « Le cœur des insensés n'est que sur leurs lèvres, et la bouche des sages est dans leur cœur. » (Eccle. xxi, 29.)

Par-dessus tout il avait une bonté d'âme que souvent nous avons mise à l'épreuve par des caprices d'enfant ; cette politesse exquise des anciens jours, qui se perd plus que jamais ; cette hospitalité presque quotidienne et qu'on ne retrouve plus ; cette gaîté franche, toujours égale et jamais démentie, même au temps de la souffrance et de la persécution. Aussi, que de fois, à l'aspect de ce front blanchi par les ans et sur lequel tous les malheurs avaient passé, sans y laisser à peine quelques rides, avons-nous pris en pitié cette tristesse à la mode qu'on affichait il y a quelque temps, cette intéressante mélancolie, ce sérieux dont on s'honore aujourd'hui presque dès le berceau ! Eh quoi ! me disais-je alors, avons-nous bien bonne grâce, nous jeunes gens du dix-neuvième siècle, à chercher pour excuses dans les ruines du passé, l'incertitude du présent et les craintes de l'avenir, les seules et véritables causes de notre marasme presque journalier, du vague et de la mollesse de nos sentiments ? Ah ! nos pères en ont vu bien d'autres !... Disons plutôt que nous n'avons plus leur foi, leur courage ni leur dévouement (1).

---

(1) Cette biographie, je le répète, a été ébauchée vers l'année 1851, peu de temps après les derniers jours du romantisme, époque de la mélancolie, dont Lamartine par ses *Méditations* et ses *Harmonies*, a été la poétique et molle expression.

Ces réflexions m'amènent naturellement à la grande époque de la vie de François Sabourin, et que, pour cause, nous pourrons appeler le *héros*. Avant de l'aborder, citons ici quelques maximes politico-religieuses, écrites en notes de sa main, et qui serviront à faire connaître la nature et la trempe de cet esprit.

« Dans les siècles religieux, tout événement était attribué à la volonté d'un Être surnaturel; dans le siècle présent, *le siècle des lumières*, tout événement, sans en excepter la pensée, est le résultat nécessaire des combinaisons casuelles de la matière. »

« La formation des empires, non plus que leur conservation et leur renversement, ne peut être l'ouvrage libre ni d'un homme ni de plusieurs hommes réunis : les nations sont tout à la fois la matière et l'instrument de ces grandes opérations entre les mains du Tout-Puissant... Il est extrêmement rare qu'un gouvernement se soit établi tel qu'il a été conçu par les agents à qui on l'a attribué; et s'il y a quelque exemple d'un tel fait, on trouvera qu'il est le produit de causes toutes différentes des moyens qu'ils ont choisis... Plus les hommes veulent faire dépendre de leur prudence naturelle et de leur propre sagesse de grandes opérations, plus les succès sont opposés à leurs desseins... Consulter avec coufiance l'Être suprême par des prières privées et publiques, et lui faire d'avance un hommage solennel des vues sages qui se présenteront à nos esprits et des résultats heureux de nos délibérations, est une précaution de droit et de nécessité naturelle. »

« La grande erreur des politiques qui se sont emparé du gouvernement est de croire qu'avec des lois de leur façon ils fonderont une société sage et heureuse: l'effet nécessaire de cette erreur est de les obliger à faire et refaire sans cesse des lois; car ils ne peuvent compter sur l'influence d'une loi qui, dans leurs principes, n'existe pas, la loi divine, celle surtout qui est connue par la révélation. Ainsi avec eux, sans principes fixes et sans base morale d'aucune sorte, les peuples seront gouvernés à force de contradictions et d'inconséquences, et par conséquent fort mal gouvernés. »

« Malheur à la société dans laquelle les richesses sont entre les mains d'hommes bassement nés et sans culture de l'esprit et du cœur; parce que, ne connaissant d'autre honneur que le faux honneur que leur attire l'opulence, ils sont incapables des procédés généreux qui méritent la considération publique, et cependant dominent la société.... Pour se porter efficacement au bien public, il faut espérer qu'on en sera directement honoré : les administrateurs, sous certain genre de gouvernement, ne peuvent former une telle espérance, parce qu'ils ne peuvent rien faire que d'après la rigueur des lois, qui ne permet pas le mieux qu'elles n'ont pas prévu. Là où il n'y a pas de mérite personnel, il n'y a pas de gloire, et, à défaut de gloire à acquérir, on vise à l'argent. »

« Après les chances multipliées et presque toujours désastreuses qu'ont souffertes toutes les nations, soit qu'elles se soient donné spontanément un gouvernement, soit qu'elles l'aient reçu de la force, .quel risque pourraient courir les nations chrétiennes à se faire donner par le chef visible de la chrétienté la forme du gouvernement qu'il aurait jugé le plus convenable à chacune d'elles, supposé qu'une même forme ne fût pas également propre au plus grand bien de tous ? On suppose aussi que chacune aurait ses députés au conseil du Saint-Siège, et que le congrès de tous les gouvernements aurait seul le droit de réprimer les mouvements dangereux d'un gouvernement particulier. » (Quel rêve !) (1)

____

(1) Eh bien! à l'heure qu'il est (mois de septembre 1885), ce rêve de François Sabourin vient de recevoir un commencement de réalisation, puisque, pour régler leur différend au sujet des îles Carolines, et pour ne pas les trancher par la guerre, l'Empereur d'Allemagne (État protestant!) et le Roi d'Espagne ont choisi et accepté comme *arbitre* notre Souverain Pontife Léon XIII.

CHAPITRE II.

LA RÉVOLUTION.

A révolution française n'est point connue par l'histoire : ses événements nous touchent encore de trop près, et les passions humaines les dénaturent ou les exagèrent. Les uns, déifiant ses bourreaux qui furent des monstres dans l'humanité, finissent peu à peu, et malgré vous, par vous accoutumer à leur horrible figure, comme on s'habitue à la longue aux bêtes sauvages apprivoisées, au risque, tôt ou tard, d'en être la victime. Les autres, sans trop de justice, placent sur le même rang ceux qui la saluèrent, cette révolution, comme l'aurore d'un beau jour, qui l'acceptèrent, comme un bienfait suprême, qui travaillèrent à son enfantement comme on travaille à un acte de vertu, juqu'à ce qu'enfin la plupart vinrent à perdre, avec leur propre vie et la vie de bien d'autres, la plus étrange et la plus grandiose de toutes les illusions.

La révolution française n'est bien connue que par ceux qui l'ont traversée, comme un soldat qui a vu le feu, et qui sourit dans sa barbe, en vous entendant raconter la bataille dont à peine il s'est échappé. La révolution française n'est bien connue que par les écrits du temps, lesquels nous trouvons encore, sans être usés par l'histoire, comme ces pièces de monnaie antique, qui conservent parfaitement l'empreinte de leur époque, parce qu'aucune main ne les a touchées dans le commerce des hommes.

Et que ne puis-je, à ce sujet, faire part à mon lecteur des intéressants entretiens que souvent nous avons eus ensemble, notre *héros* et moi, sur cette grande catastrophe, sur cette chaude mêlée, sur cette terrible et sanglante bataille, dont il avait lui-même essuyé tous les périls et subi toutes les vicissitudes, entretiens saisissants, assez calmes néanmoins, comme ceux d'un matelot sur le rivage, quelques journées après la tempête; jusqu'au jour où le tocsin de 1830 ravivant au fond de son âme tous ses vieux souvenirs, je le vis, cet ancien confesseur de la foi, prenant à part son successeur dans la cure de Montierneuf (1), je le vis, dis-je, se retirer avec lui dans l'endroit le plus secret du temple et commencer à lui faire une leçon de martyre !... Mais ce n'était encore que le premier des trois coups, dont nous avons reçu le second en 1848, et dont maintenant nous attendons le dernier.

Que ne puis-je aussi faire assister comme moi-même à ce dépouillement de pièces étranges, d'écrits précieux conservés dans la maison Sabourin (vieille demeure restée immobile malgré les commotions qui remuaient

---

(1) Obligé de prendre sa retraite à l'âge de 80 ans, M. Sabourin a été remplacé dans sa cure de Montierneuf, en 1829, par M. Lacroix, de sainte mémoire.

alors jusqu'aux entrailles de la terre), et dans laquelle, depuis de longues années et sans interruption., une main intelligente déposait un écrit de l'époque, comme on dépose une pièce de monnaie dans les fondations d'un édifice public ! C'est là que j'ai pu suivre ces terribles événements de notre pays, comme on suit dans une mine les différentes couches de terrain, et comme on étudie les filons et les veines. Terrain pétri de larmes, de sang et de fanges, au fond duquel n'apparaissent que plus brillantes et plus resplendissantes, la foi, la vertu, le véritable patriotisme.

L'inquiétude de toute âme honnête qui la voyait venir de loin, autant qu'elle a été la terreur de ceux qui l'ont subie, et qu'elle est encore l'effroi, l'épouvante de quiconque en parcourt l'histoire, la révolution française était prédite, attendue, je dirais même désirée d'avance comme une mystérieuse nécessité : « Mon cher Sabourin (écrivait, à la date de 1772, une des illustrations de Poitiers, monsieur de Beauregard, alors bachelier de Sorbonne et depuis curé de notre cathédrale, avant d'être appelé au siège d'Orléans), mon cher ami, mon devoir me rappelle à Paris. Mon séjour, s'il n'est pas interrompu, y sera de quatre années. J'espère cependant que quelque *révolution* et bien des circonstances qu'on ne peut prévoir m'en ramèneront plus tôt. »

Elle n'éclate cependant, cette révolution, que dix-sept ans plus tard ; et, chose étrange, tout le monde y prête les mains. C'est un vertige universel : roi, sujets, prêtres, nobles, bourgeois, tout se mêle et se confond un instant dans je ne sais quels transports, quels embrassements frénétiques. Le peuple seul n'y jouait pas encore son rôle. Et pour nous renfermer en ce qui nous concerne, rien alors de plus solennel que les mandements de Nos seigneurs les évêques; rien de plus actif, de plus patriotique que les circulaires du clergé de tout ordre , pour les futures élections aux États généraux.

Le roi a parlé. Aussitôt le grand sénéchal de Poitou, Marc-Antoine Beuviet, chevalier, marquis de Poligny, publie les lettres royales en date du 24 janvier 1789, et lance lui-même son ordonnance, qu'il adresse au clergé, à la noblesse et au tiers état, pour la convocation et l'assemblée des États généraux de la sénéchaussée de Poitou, à Poitiers, le 16 mars prochain. Il est dit dans cette ordonnance du grand sénéchal «... que les ecclésiastiques et les nobles se retireront dans le lieu qui leur sera désigné par nous, ou par notre lieutenant général en notre absence, pour y tenir leurs assemblées particulières; savoir, celle du clergé, sous la présidence de celui à qui l'ordre hiérarchique la défère; celle de la noblesse, sous notre présidence, et, en notre absence, du plus âgé desdits nobles jusqu'à ce qu'ils aient fait choix dans ladite assemblée d'un président; que les députés du tiers état resteront dans la salle de l'assemblée, *sous la présidence de notre lieutenant général* »... Il y est dit que « dans l'assemblée des deux premiers ordres il sera

procédé d'abord à haute voix à l'élection d'un secrétaire, *notre greffier* devant en tenir lieu aux députés
du tiers état ; ensuite à la délibération à prendre par
les trois ordres séparément, pour décider s'ils procé-
deront conjointement ou séparément à la rédaction
de leurs cahiers de doléances et remontrances, et à
l'élection des députés pour les Etats généraux, qui
se réuniront à Versailles, le 27 avril 1789 ; qu'il sera
procédé à l'élection, par la voie du scrutin, des députés
de chacun desdits trois ordres, au nombre et dans
la proportion déterminés par la lettre de Sa Majesté,
savoir : *sept* du clergé, *sept* de la noblesse, et *quatorze*
du tiers état (1) ».

De son côté, Monseigneur Martial-Louis de Beaupoil de Saint-Aulaire, évêque de Poitiers, parle en
évêque ; il ordonne des prières publiques, et emprun-
tant les paroles de son Métropolitain dans son mandement pour demander au ciel l'heureux succès des États
généraux convoqués par le roi : « Ainsi, dit-il, le
modérateur suprême proportionne la rigueur de ses
leçons à la dureté des cœurs : il ne se borne pas toujours à frapper quelques coupables, il appesantit enfin
son bras sur les nations entières ; il suscite soudaine-

---

(1) Ordonnance de M. le grand sénéchal de Poitou, ou de
son lieutenant général, pour la convocation des États généraux
à Versailles, le 27 avril 1789, et l'assemblée des trois états de
la sénéchaussée de Poitou, à Poitiers, le 16 mars prochain. —
Fait et donné en la sénéchaussée de Poitou, par Messire Pierre-
Marie-Irland de Bazoges, chevalier, lieutenant général, à Poitiers, ce 14 février 1789. Signé, Piquet, greffier.

ment et comme à leur insu les maux au milieu d'elles, il les livre aux séductions de leur trompeuse sagesse (Is. c. xiv, v. 91), et tente, par un dernier effort, de les rappeler à lui par le sentiment de leurs afflictions et de leur impuissance : admirable économie de la Providence qui, par un ineffable tempérament de clémence et de sévérité, enchaîne le temps à l'éternité, la volonté créée à l'immortelle sagesse, le royaume de la terre à celui du ciel.

« Pourrions-nous méconnaître, nos très chers frères, les traces de cet ordre éternel et la suite des desseins de Dieu sur nous, dans le nombre et la durée des calamités qui nous affligent ? Les désastres de l'été, les longues rigueurs de l'hiver, toutes les souffrances et tous les besoins des pauvres multipliés, toutes les ressources de la charité diminuées, les fléaux de la politique se réunissant à l'inclémence des saisons, l'agitation des esprits, l'inquiétude du moment, les doutes de l'avenir, le combat des opinions et des intérêts ; en un mot la paix et l'abondance se retirant loin de nous, et laissant apercevoir les campagnes désolées, les cités dans le trouble et la consternation : tout nous annonce que nous servons nous-mêmes en ce moment d'exemple mémorable à tous les peuples (1)... »

---

(1) Mandement et instruction pastorale de Monseigneur l'évêque de Poitiers, qui ordonne des prières publiques pour demander au ciel l'heureux succès des Etats généraux du royaume, convoqués par le roi. Donné à Poitiers, le 28 février 1789. — Par Monseigneur : Jolivard, chan., secrétaire.

Le clergé du second ordre, les curés surtout, s'écrivent et se concertent sur tous les points de la France (1). Ils ont aussi à exprimer leurs plaintes, et toutes ne sont pas sans être fondées. J'ai hésité longtemps avant de publier quelques passages d'un *projet de mémoire des curés du diocèse de* ***, *relativement à la convocation des États généraux ;* mais je crois qu'il est temps, sinon de tout approuver, du moins de tout dire, afin de bien faire connaître l'époque que nous décrivons en ce moment. Voici ces passages :

«.... A Dieu ne plaise que nous cherchions à déprimer l'ordre des pontifes! nous rendons hommage à leur zèle et à leurs talents; nous reconnaissons leur supériorité; nous ne parlons que de ce ministère de détail, qui influe tant sur les mœurs et sur la tranquillité des peuples, et qui est le ministère des curés...

« Cependant ce sont ces citoyens si utiles à la religion, si importants à l'État, que, depuis un siècle et demi, on s'est efforcé d'avilir, d'opprimer et d'asservir. Des hommes, qui les regardaient autrefois comme leurs pères dans la foi, qui les honoraient comme leurs pasteurs, se sont soulevés contre eux ; les réguliers et les chanoines ont conspiré contre les curés. Ils ont enlevé leur légitime, et se sont attribué des biens qui, de leur nature et dans l'intention des peuples, ne doivent être que le prix des fonctions

____

(1) *Adresse des curés des provinces aux curés de Paris.* 26 février 1789.

sacrées. La trop modique portion qu'ils en détachent à regret, pour l'entretien du ministère, n'est pas de suffisance à fournir aux ministres le nécessaire même le plus urgent et le plus indispensable de la vie. Quel partage les pauvres peuvent-ils attendre d'un aussi faible secours ? Faut-il donc que le pasteur s'endurcisse au spectacle des pleurs des enfants de son peuple, nus, affamés, malades, et que lui-même il traîne ignominieusement la dignité de son caractère dans la honte et l'abjection, compagnes inséparables de l'indigence ?...

« La perspective consolante des États généraux ranime leur espérance, et leur fait présager la fin de l'oppression. Si tous les états y sont convoqués, les curés en seraient-ils exclus ? L'ordre du clergé a droit d'y paraître; les curés en font la portion la plus nombreuse, et, après les évêques, la plus importante. *Ils sont dans l'Église de France ce qu'est aujourd'hui le tiers état dans la nation.* La liberté, l'influence que celui-ci réclame sur le choix, la proportion, la qualité de ses représentants, les pasteurs du second ordre osent les réclamer....

« Dans les derniers États généraux, une classe du clergé chercha à s'appesantir sur les curés, et les avilir par des règlements inconnus à l'Église de France. Le tiers état, sensible à l'avilissement de ses pasteurs et aux malheurs de la religion qui en résultaient, montra son indignation, et les règlements furent suspendus. Les curés n'ont cessé de témoigner leur reconnaissance à ces citoyens sages, éclairés, incorruptibles; ils savent ce qu'ils peuvent encore attendre du zèle de leurs successeurs...

« Au reste, lorsque nous exposons ici les doléances des pasteurs en titre, nous ne nous portons pas d'oublier celles des vicaires, des desservants, de tous les ministres qui sous eux sont employés aux fonctions sacrées du ministère ; ils composent avec les curés la même classe de citoyens, le même ordre du clergé, également qu'eux appliqués à cultiver la vigne, également privés d'en recueillir les fruits...

« Dans des jours où l'on se propose de lier ensemble tous les ressorts du gouvernement , d'en rapprocher tous les rapports , d'en tirer tous les avantages , pourrait-on regarder comme étrangers ou indifférents à la révolution future des hommes qui peuvent le mieux en prévoir et en connaître l'utilité ou les inconvénients , des hommes dont les intérêts sont ceux de la religion et de la patrie ?.... »

Le pauvre peuple lui-même confie ses doléances à ceux qu'il appelle *les députés des paroisses*. Il n'y met que de la politique d'intérêt, et encore ne dépasse-t-elle pas la limite de ses champs. « .... Ils donnent donc pouvoir, *lesdits habitants assemblés* , de déclarer qu'ils gémissent sous la tyrannie des commis et bureaux multipliés, et qu'ils perdent la meilleure partie de leurs fruits et possessions à les solder.... qu'ils sont accablés d'impôts de toute espèce.... que jamais ils n'ont donné leur consentement à tant d'impôts ni à la manière de les percevoir.... que pour mettre fin à leur misère et les préserver du désespoir, ils se jettent aux pieds du père de la patrie, leur bon roi, pour obtenir de sa justice la jouissance de leurs biens, conformément aux lois du royaume (1)... »

Enfin le tiers état, par l'organe de l'échevin Pallu, avait déjà commencé à formuler ses revendications. Dans un discours très étudié qu'il adresse aux maire et échevins de Poitiers, dans leur réunion préparatoire du 15 décembre 1788, il s'exprime ainsi :

« Messieurs,

« Tandis que la France entière retentit des justes réclamations du tiers état pour la conservation de ses droits légitimes, au sujet de la convocation des prochains états du royaume, vous croiriez indigne de la bienveillance du plus auguste des rois, et de l'amour tendre et respectueux du peuple chéri dont sa bonté paternelle a confié les intérêts à votre sage administration, si, dans ce moment décisif pour la gloire et le bonheur de la nation française, vous négligiez de voler au secours de cet ordre précieux de citoyens auxquels vous vous faites l'honneur d'être identifiés, et dont vous mettez toute votre gloire à être les défenseurs naturels et les légitimes représentants....

« Lors de l'établissement de la monarchie, on ne connaissait ni clergé ni noblesse proprement dits; le peuple seul formait alors et constituait essentiellement

______

(1) Instruction donnée aux députés des paroisses.

la nation... Ce ne fut qu'après l'introduction de la religion chrétienne dans le royaume, que le clergé prit cet accroissement progressif, qui, par la suite des temps, lui procura l'avantage d'être désigné sous le titre respectable de premier ordre de l'État.

« Les guerres que nos premiers rois eurent à soutenir pour affermir ou pour étendre leur domination donnèrent naissance à la noblesse ; celle des armes fut la première; le mérite supérieur, les talents utiles, et surtout les richesses, en augmentèrent successivement la masse, jusqu'au point de lui acquérir la dénomination honorable de second ordre de la nation ; mais ces ecclésiastiques, mais ces nobles et ces anobiles, tiraient incontestablement leur origine du tiers état. (Raisonnement complètement faux, puisque l'ordre du tiers état suppose déjà et nécessairement l'existence des deux autres ordres ; ce n'est donc pas du tiers état que l'ordre du clergé et l'ordre de la noblesse ont tiré leur origine : c'est du peuple français, comme le tiers état lui-même, et, à leur manière, ils le représentaient au moins aussi bien que lui.)

« Il paraît donc contraire au bien général de la nation d'accorder, dans les États généraux, une influence supérieure aux deux premiers ordres, qui ne sont, à proprement parler, qu'une portion de la nation, dans laquelle ils n'ont été admis que subsidiairement, sous la dénomination respective qui fait aujourd'hui leur prééminence et leur gloire.... De ces réflexions il résulte, Messieurs, que les ordres du clergé et de la noblesse, bien loin d'être appelés en plus grand nom-bre que le tiers état dans les assemblées nationa-les, ne devraient, au contraire, y avoir qu'une influence de beaucoup inférieure, à raison de l'infiniment petit nombre d'individus dont ils sont composés, en comparaison du tiers état qui constitue seul, au moins, les quarante-sept quarante-huitièmes de la nation... (*Non numerantur sed ponderantur.*) Vous augurez trop avantageusement de la justice et de l'honnêteté des deux premiers ordres, pour craindre de ne leur pas voir approuver les réclamations que fait le tiers état, pour être maintenu, et autorisé à envoyer aux États généraux, des députés de son ordre, en nombre égal à celui des deux premiers ordres réunis. »

L'Échevin Pallu fait ensuite l'historique de tous les États généraux de France, depuis ceux qui furent assemblés sous Clovis, en 490 (et où, dit-il, la loi salique fut augmentée de quelques chapitres), jusqu'à ceux qui furent assemblés pour la dernière fois sous Louis XIII, par la régente Marie de Médicis. « Mais, ajoute-t-il, la reine régente et les ministres, dont l'autorité était sans bornes pendant la minorité, et dans les premiers jours de la majorité de Louis XIII, réunirent tous leurs efforts pour les rendre inutiles... Si les prochains États généraux étaient formés sous de semblables auspices, bien loin qu'on pût espérer d'en tirer tout le fruit que sollicitent les besoins urgents de la nation, ils ne contribueraient, au contraire, qu'à consommer la ruine du tiers état, et à avancer le dépérissement de la chose publique. Vous n'avez pas à craindre, Messieurs, un événement aussi funeste ; le monarque adoré qui gouverne cet empire avec autant de justice que de sagesse, trouvera dans la bonté de son cœur paternel un remède salutaire aux maux qui semblent menacer la classe la plus infortunée de vos concitoyens. Le ministre éclairé (1), humain et généreux, que ce grand roi, vrai appréciateur du mérite, vient de rappeler auprès de son auguste personne, et qu'il a jugé digne d'être associé à sa bienfaisance, daignera protéger auprès du trône de sa justice les réclamations respectueuses que vous allez faire en faveur de cet ordre précieux, qui fait l'objet de votre tendre sollicitude, et qui met en vous ses espérances les plus chères....

« Braves Français, peuple vertueux, sujets fidèles, rendez hommage à la prévoyance et à la bonté du roi, qui, en vous permettant de lui présenter votre vœu pour la convocation des États généraux, semble en même temps vous en avoir indiqué la nature et l'espèce, par les soins qu'il a daigné prendre lui-même de déterminer la forme et la composition de nos différentes assemblées provinciales !

« Généreux Poitevins, chers compatriotes, faites-nous la justice de croire qu'en manifestant votre vœu, notre désir le plus ardent a été de vous convaincre qu'en travaillant à rétablir le règne de l'*égalité*, nous

---

(1) Necker.

n'avons eu pour but que de vous rendre libres et fortunés, et de mériter à jamais votre estime, votre confiance et votre amour !

« Ordre pieux et respectable, illustres Prélats, ministres des saints autels, vous qui, par la pureté des fonctions que vous exercez avec tant d'édification, approchez de plus près de la divinité, conservez toujours pour vos frères les sentiments d'humanité, de justice et d'*égalité* qui sont votre plus bel apanage !

« Ordre des guerriers, nobles personnages comblés des faveurs du souverain, dignes héritiers de la valeur et des vertus de vos ancêtres, faites toujours consister votre gloire à être inviolablement attachés à cette classe précieuse de citoyens, qui vous chérit autant qu'elle vous honore, et dont *vos aïeux* n'ont pas assez connu *l'importance et l'utilité.*

« Et vous, ordre chéri, dont nous nous glorifions de faire partie, hommes recommandables par vos lumières, vos talents et votre industrie, daignez recevoir l'hommage pur de nos cœurs aimants et sensibles ; agréez les vœux que nous formons pour votre bonheur, et que le lien qui vous unit aux deux premiers ordres de la nation, perpétue à jamais entre vous et ces deux fils aînés de la famille commune, l'intimité, l'harmonie et *l'égalité*, qui doivent régner constamment entre tous les enfants d'un même père !

« Puisse l'Arbitre suprême des empires bénir les réclamations et les vœux d'une nation qu'il a toujours protégée, et lui faire trouver grâce auprès du monarque juste, éclairé et patriote qu'il a daigné nous accorder dans sa bonté infinie, pour la plus grande gloire du trône français, et pour la félicité des peuples qu'il a soumis à sa domination ! »

Sur quoi, il a été arrêté unanimement que le vœu de la ville de Poitiers serait : « 1°.... 2° que dans le nombre des députés qui seront envoyés aux États généraux, ceux qui seront élus pour le tiers état, et qui le représenteront, soient en égalité de nombre avec les députés des deux autres ordres réunis ; 4°.. 5° que, lors des délibérations des états, les députés des deux premiers ordres, dont les intérêts sont les mêmes, forment une seule et même chambre, et que ceux du tiers état forment une autre chambre particulière, sauf ensuite à les réunir tous deux dans une seule et même assemblée, dans laquelle les voix seront comptées par *têtes* et non par *ordres*, afin de conserver, autant qu'il sera possible, la balance entre les opinions respectives des trois ordres réunis. »

Fait et arrêté, à Poitiers, à l'hôtel de ville, en la salle du conseil, le 15 décembre 1788. Ainsi signé : Pallu, Échevin ; Billoque, Échevin ; Gabriel de Morière, Maire ; Doré l'aîné, Echevin ; Fayolle, Échevin ; Laurence, Échevin ; Granier, procureur du roi ; et par ordonnance dudit conseil, Bourbeau, greffier-secrétaire (1).

____

(1) Extrait des registres des délibérations de l'hôtel de ville de Poitiers.

Pour compléter ce discours de l'Échevin Pallu, j'y ajouterai cette appréciation assez juste du tiers état, par Bergasse, dans la préface de son cahier du tiers état, 1er janvier 1789. Se rappelant ce que j'ai déjà dit, à savoir que, sans *tout* approuver, il est temps de *tout* dire:

« Le tiersétat compte un grand nombre d'érudits, qui ont parlé en sa faveur ; quelques-uns même ont montré un zèle désordonné, et leurs productions sont moins estimables, par cela même qu'ils ont voulu y mettre trop d'énergie. On a reconnu surtout les ouvrages publiés par les jeunes gens, dont l'imagination ardente et fougeuse prend pour autant de traits d'éloquence les élans d'un enthousiasme irréfléchi.

« La cause du tiers état a intéressé vivement la nation, et même un grand nombre de membres de l'ordre de la noblesse, qui ne se sont point refusés à l'évidence. L'ordre de la noblesse peut se diviser en deux classes : celle des grands seigneurs et celle des simples gentilshommes. Ces derniers sont en quelque sorte intéressés à embrasser le parti du tiers état, parce qu'ils sont opprimés dans la répartition des impôts que supporte l'ordre dont ils sont membres. Il en est de même dans l'ordre du clergé, qu'on pourrait diviser en deux classes : la classe des prélats et bénéficiers simples, et la classe des curés, vicaires et desservants. Ces derniers, comme les simples gentilshommes, paient plus de décimes, toute proportion gardée, que les évêques, les abbés et prieurs commandataires ; ainsi ces deux classes inférieures des deux premiers ordres ont intérêt que les abus soient réformés ; mais le tiers état ne peut se charger de présenter leurs réclamations. Ils ont la ressource de leurs députés, qu'ils sauront sans doute bien choisir.

« Les grands de l'ordre du clergé et de l'ordre de la noblesse ont senti que le tiers état ayant un grand sujet de se plaindre du régime d'administration, d'imposition et de perception, il fallait affaiblir leurs moyens, en leur ôtant la prépondérance, ou même l'*égalité* de voix dans l'assemblée des États généraux ; et sur cet article, on a beaucoup écrit de la part du tiers état ; et beaucoup cabalé de la part des deux autres ordres. Il n'est pas indifférent de remarquer ici que ces deux ordres n'ont rien publié, soit qu'ils aient assez compté sur leur crédit, soit qu'ils n'aient pas trouvé d'écrivain éclairé qui ait voulu leur *prostituer* sa plume, et compromettre ses droits personnels à la considération publique ; car, quoi qu'on fasse, il est difficile de garder constamment l'anonyme ; on se trahit toujours par quelque endroit.

« Les deux premiers ordres ont donc préféré d'essayer à surprendre la confiance et la bienveillance des princes, en calomniant le tiers état dans leur esprit. Leur succès n'a été ni complet ni de longue durée... le projet de la ligue étant déconcerté, la tranquillité est rentrée dans le tiers état, et il n'a plus à s'occuper que d'établir avec ordre les points dont il doit demander la réformation ; c'est à lui à dénoncer les abus

innombrables qui nuisent à la prospérité de l'empire ;
il n'a aucun ménagement à garder : nulle considération ne peut enchaîner sa langue, et c'est le seul ordre
dont l'intérêt personnel se trouve parfaitement con-
cordant avec l'intérêt de l'État (1). »

Nous venons d'entendre, au sujet de la convocation
des États généraux du royaume, tous les représentants
de l'opinion publique en France : la noblesse, par
l'organe du grand sénéchal de Poitou ; le clergé, par
l'évêque et les curés ; le pauvre peuple lui-même ;
enfin le tiers état. Or, de toutes ces voix, sans parler
de la voix du pauvre peuple, celle qui a pris la note
vraie, c'est la voix de l'évêque. Qu'on se rappelle ses

---

(1) Le même auteur, dans l'article de son *cahier* sur l'éducation publique, a écrit ces quelques phrases d'actualité des temps
où nous sommes, 1882 :

« On a des volumes par centaines sur l'éducation ; tout le
monde se mêle d'écrire sur cette matière : le plus petit maître
d'école se croit un Rollin, et donne ses mots pour des idées ;
de grands littérateurs se sont aussi essayés sur cet objet si
important à la société ; et de tous ces cailloux frottés il n'est
pas sorti une seule étincelle... Souvent c'est un homme à sys-
tèmes philosophiques, qui, imbu des maximes de l'auteur de
l'*Emile*, compte pour rien la religion et n'en parle point à ses
élèves... Pourquoi ne pas établir dans chaque quartier de
Paris une école dirigée par deux frères de la Doctrine chrétienne,
dont les talents et les bonnes mœurs sont connus universelle-
ment ? on verrait bientôt les heureux effets de cet établissement,
et les collèges ne seraient ensuite peuplés que de jeunes gens
préparés par de bons principes, et l'exercice de leurs devoirs ;
la génération naissante donnerait de meilleurs citoyens.

« Le tiers état est particulièrement intéressé à solliciter vivement ce point essentiel, et les États généraux doivent s'en occuper, puisque le bonheur de la nation en dépend. »

paroles déjà citées : « Tout nous annonce que nous servons nous-mêmes en ce moment d'exemple mémorable à tous les peuples... » Les événements qui vont suivre confirmeront malheureusement cette triste vérité.

François Sabourin, comme curé de Montierneuf et après avis préalable de la part du maire de Poitiers (1) et assignation en forme de la part du grand sénéchal, convoque, lui aussi, son assemblée primaire, pour élire un député du clergé de sa paroisse à l'assemblée des États généraux de la sénéchaussée de Poitou. Cette réunion ne se compose que de quatre membres : du sieur Gabriel-François-Jérôme Babinet de Santilly, prêtre et ancien religieux de Grandmont ; de Mathurin Touzalin, aumônier de l'Hôpital général ;

---

(1) A Monsieur le curé de Montierneuf. Poitiers, 21 février 1789.

Monsieur,

Nous avons l'honneur de vous envoyer un exemplaire de la lettre du roi concernant les États généraux, du règlement qui y est annexé, et de l'ordonnance rendue par M. le grand sénéchal du Poitou ; nous vous prions de vouloir en faire la publication demain au prône de votre messe paroissiale ; de prévenir à haute et intelligible voix les habitants du tiers état de votre paroisse qui ne se trouveront compris dans aucun corps ou corporation, de s'assembler le 1er mars prochain, à deux heures de relevée, à l'hôtel de ville, à l'effet d'élire des députés conformément à l'article 27 du règlement du roi, et de faire lire et publier lesdits règlement et ordonnance, à l'issue de votre messe, à la porte de votre église.

Nous sommes avec respect, Monsieur, vos très humbles et très obéissants serviteurs, les Maire et Échevins de Poitiers.

De Morière Maire, Pallu Échevin, Renaudin Échevin, Billoque Échevin, Fayolle Échevin, Bardeau Échevin.

1***

de Joseph Ayrault, vicaire de la paroisse de Montierneuf ; enfin de François Sabourin, curé de la même
paroisse. Babinet de Santilly est élu député du clergé
de la paroisse de Montierneuf, pour les États généraux
de la sénéchaussée de Poitou, et le curé de Montierneuf est chargé du cahier de doléances. Il le rédige en
plusieurs articles, dont voici le septième : « Ce serait
un moyen d'encouragement très efficace, ce semble, pour le petit propriétaire cultivateur et l'indus-
trieux trop borné, que de statuer que tout particulier ne
serait imposable qu'autant que ses possessions ou facultés s'élèveraient au-dessus d'une estimation donnée,
laquelle estimation serait vérifiée tous les ans, dans
l'assemblée municipale ou de paroisse (1) ».

L'assemblée des États généraux de la sénéchaussée
de Poitou s'ouvrit à Poitiers le 16 mars 1789. Dans
l'ordre du clergé, on nomma :

1º Secrétaire de l'ordre, Dupuy, curé de Saint-
Savin de Poitiers ;

2º Commissaire rédacteur des cahiers de doléances,
Joseph Sabourin, curé de Saint-Cybard de Poitiers et
frère de François Sabourin ; Desurade, curé de Plaisance ; Renou, curé de Saint-Varrant ; Marouilleau,
curé de Saint-Hilaire de Talmont ; Coudert, curé de
Saint-Florent-lès-Niort ; Girault, curé d'Aulnay ;
Naude de Filonière, curé de Montmorillon ; Lavigne,

---

(1) Voir le procès-verbal de la séance, en date du 12 mars
1789, et signé de tous les membres présents.

curé de Sainte-Opportune ; Poupeau, curé de Vendée-sur-Payré ; la Ronde, curé de Maure près Thouars ; Cornal, curé d'Augé ; Dillon, curé du Vieux-Pouzauges ; Bouin de Beaupré, chanoine de la cathédrale de Poitiers ; Migaud, curé de Salles-lès-Aulnay ; Périgord, curé de Marval.

3° Députés aux États généraux du royaume : 1° Lecesve, curé de Sainte-Triaise de Poitiers ; 2° Dillon, curé du Vieux-Pouzauges (diocèse de Luçon) ; 3° Ballard, curé de Poisé-sur-Veilluire (diocèse de la Rochelle) ; 4° Jallet, curé de Sérigny (diocèse de Poitiers) ; 5° Noirot, curé de Salternes (diocèse de Luçon) ; 6° Guériteau, curé de Jardres (diocèse de Poitiers) ; 7° de Sarades, curé de Plaisance (diocèse de Poitiers).

Enfin les États généraux du royaume se réunirent à Versailles le 27 avril 1789. On sait les événements qui ont suivi, et les effets de cette assemblée, d'abord sur la France, ensuite sur l'Europe, et dirai-je même sur le monde entier....

CHAPITRE III.

LE GIRONDIN.

IL faudrait commencer ce chapitre par un article des *déceptions*. En effet, avant la fin de la première année des États généraux, le 4 février 1790, le roi prononce un discours, à l'Assemblée nationale, qui commence ainsi : « Messieurs, la gravité des circonstances où se trouve la France m'attire au milieu de vous. Le relâchement progressif de tous les liens de l'ordre et de la subordination, la suspension ou l'inactivité de la justice, les mécontentements qui naissent des privations particulières, les oppositions, les haines malheureuses qui sont la suite inévitable des longues dissensions, la situation critique des finances et les incertitudes sur la fortune publique , enfin l'agitation générale des esprits, tout semble se réunir pour entretenir l'inquiétude des véritables amis de la prospérité et du bonheur du royaume... »

Quelques jours après, le onze février, l'Assemblée nationale elle-même, dans une adresse au peuple français, sent le besoin de s'expliquer, ou plutôt de se défendre. J'en citerai la conclusion, où notre pauvre roi

Louis XVI est enguirlandé, comme autrefois on enguirlandait les victimes, avant de les immoler :

« Plaignez, Français, les victimes aveugles de tant de déplorables *préjugés* ; mais, sous l'empire des lois, que le mot de vengeance ne soit plus prononcé. Courage, persévérance, générosité. Les vertus de la liberté, nous vous les demandons au nom de cette liberté sacrée, seule conquête digne de l'homme, digne de vous, par les efforts, par les sacrifices que vous avez faits pour elle, par les vertus qui se sont mêlées aux malheurs inséparables d'une grande révolution. Ne retardez point, ne déshonorez point le plus bel ouvrage dont les annales du monde nous aient transmis la mémoire. Qu'avez-vous à craindre ? Rien, non, rien qu'une funeste impatience ; encore quelques moments... c'est pour la liberté ! Vous avez donné tant de siècles au *despotisme !*... Amis, citoyens, une patience généreuse au lieu d'une patience servile. Au nom de la patrie, vous en avez une maintenant ; au nom de votre roi ; vous avez un roi : il est à vous ; non plus le roi de quelques milliers d'hommes, mais le roi des Français... de tous les Français. Il est à vous : qu'il vous est cher ! Ah ! depuis que son peuple est devenu sa cour, lui refuserez-vous la tranquillité, le bonheur qu'il mérite ? Désormais, qu'il n'apprenne plus aucune de ces scènes violentes qui ont tant affligé son cœur ; qu'il apprenne au contraire que l'ordre renaît, que partout les propriétés sont respectées, défendues ; que vous recevez, que vous placez sous l'égide des lois, l'innocent, le coupable... De coupable, il n'en est point, si la loi ne l'a prononcé ; ou plutôt qu'il apprenne encore, votre vertueux monarque, quelques-uns de ces traits généreux, de ces nobles exemples qui ont déjà illustré le berceau de la liberté française. . Étonnez-le de vos vertus, pour lui donner plutôt le prix des siennes, en avançant pour lui le moment de la tranquillité publique, et le spectacle de votre félicité.

« Pour nous, poursuivant notre tâche laborieuse, voués, consacrés au grand travail de la *Constitution*, votre ouvrage autant que le nôtre, nous le terminerons, aidés de toutes les lumières de la France ; et vainqueurs de tous les obstacles, satisfaits de notre conscience, convaincus et d'avance heureux de votre prochain bonheur, nous placerons entre vos mains ce dépôt sacré de la *Constitution*, sous la garde des vertus nouvelles, dont le germe, enfermé dans vos âmes, vient d'éclore aux premiers jours de la liberté (1). »

Mais laissons là tous ces déçus, ceux qui l'ont été réellement, et ceux qui ont bien voulu l'être ; laissons là

---

(1) L'Assemblée a adopté cette adresse, en a ordonné l'impression et l'envoi aux provinces, pour être affichée, et pour être lue au prône dans toutes les paroisses, et *expliquée* au besoin par les curés.

Collationné à l'original par nous, président et secrétaires de l'Assemblée nationale, à Paris, le 24 février 1790.

Signé : l'évêque d'Autun, président ; Nompère de Champigny, le baron de Marguérittes, Gautier de Biorat, le marquis de la Corte, Castellane, Guillotin, secrétaires.

Imprimé à Poitiers, chez Michel-Vincent Chevrier, imprimeur du roi, rue Saint-François, 1790.

toutes ces vaines paroles pour passer aux faits, et en particulier *pour raconter les détails d'un drame sanglant...* Nous allons donc *exploiter* une autre couche de documents, qui ne sera pas un filon d'argent ni d'or... Trois partis dans la révolution française, comme du reste dans la plupart des choses de ce monde où les hommes jouent leur rôle : deux partis extrêmes, et un parti intermédiaire, qu'on appelle ordinairement le parti des *modérés*. Deux partis extrêmes : d'un côté, celui des bourreaux, et de l'autre celui des victimes. Un parti intermédiaire, il a bien des nuances : c'est, comme toujours, le parti de ces esprits faux, égoïstes ou trop conciliants, lesquels, par intérêt privé, ou par un excès de bonté qui touche souvent à la faiblesse, prennent le mal pour le bien, afin d'en faire leur profit, ou pour associer ensemble ce qu'il y a de plus contraire et de plus antipathique. Un des types de ce parti, dans la nuance de ceux que j'appellerai les *illusionnés,* ç'a été l'un des neveux de François Sabourin, Armand : idole de Poitiers, chansonné par le peuple comme son soutien, comme son orateur de prédilection, et par le fait le courageux défenseur de toutes sortes d'infortunes, dans un temps où il y en avait de si nombreuses et de tant de manières... Ç'a été aussi l'un de nos députés du tiers état aux États généraux du royaume, Félix Faulcon, qui s'est ainsi peint lui-même, avec ceux de sa nuance, dans la conclusion de son opuscule sur la nécessité de clore les travaux de l'Assemblée nationale et de

la remplacer par une Assemblée législative (1) :
« Je ne sais, mais cette idée me transporte et
m'extasie : je vois déjà nos successeurs plus unis,
plus tranquilles que nous, se porter unanimement
vers le plus grand bien de la chose commune... Qu'ils
seront heureux par la suite, les législateurs de la
nation ! Ils trouveront tous les esprits disposés pour
la liberté, ils n'auront point devant eux cette masse
effrayante d'abus qu'il nous a fallu déraciner, et ils
pourront servir efficacement la patrie, sans même
avoir la défaveur de tous les sacrifices que nous avons
été obligés de prescrire.

« Ils corrigeront les fautes que nous avons faites,
ils amélioreront celles de nos lois que l'ascendant des
circonstances ne nous a pas permis de perfectionner :
tel est le plus ardent de mes vœux, car je n'ai pas voué
une admiration exclusive à notre ouvrage, et je fais profession d'y reconnaître plusieurs taches dont la majeure
partie est due à la trop grande disparité des opinions.

---

(1) 23 avril 1791. Il faudrait citer aussi deux prônes de Joseph Sabourin, adressés à ses paroissiens de Saint-Cybard de
Poitiers. — Dans l'un, après leur avoir donné d'excellents
conseils à l'occasion de la formation de la nouvelle municipalité, il leur exprime de beaux rêves d'avenir, basés sur les travaux de l'Assemblée nationale qu'il vient de leur analyser. —
Dans l'autre, à l'occasion de la loi martiale décrétée par l'Assemblée nationale, il leur donne encore de sages avis, et leur fait
un sombre tableau des mœurs du temps : irréligion, insubor-
dination, misères morales et matérielles, la terre elle-même
frappée de stérilité, et servant d'instrument à la colère divine,
irritée contre un peuple coupable !...

« Eh! dans un édifice aussi immense que celui que nous avons élevé, et d'après toutes les bourrasques d'un temps continuellement orageux, comment eût-il été possible qu'il n'y eût pas quelques pierres mises de travers?... Mais, quoi qu'il en soit, et quelques choses qui puissent arriver, les bases de la *Constitution*, comme je l'ai dit déjà, seront toujours inébranlables ; mais la liberté qu'elle assure, mais la destruction des principaux abus, mais la réintégration du peuple dans ses droits, mais une foule d'autres opérations salutaires surnageront sur l'océan des siècles. Les hommes de tous les âges et de tous les temps, tous ceux du moins qui auront reçu du ciel une âme fière et l'amour du vrai, se rallieront autour de la *Constitution*, comme sous l'égide inexpugnable de la gloire nationale et de la félicité individuelle.

« Alors on sera loin des passions, des brigues, de la licence et des intérêts particuliers qui flétrirent en apparence une aussi belle révolution : de tout cela il ne restera plus que la liberté qui en fut la suite, et nos neveux, nés et élevés pour elle, auront déjà oublié toutes les scènes affligeantes auxquelles sa conquête donna lieu ; mais ils n'oublieront jamais la date de cette conquête ; et peut-être aussi qu'ils accompagneront de quelque reconnaissance la mémoire de ceux qui jetèrent les premiers fondements de la *Constitution*, au milieu de toutes les menaces du despotisme.

« Telle est ma douce espérance, telle est la récompense unique que je me suis proposée dans les peines qui m'ont rarement abandonné pendant ma carrière législative. Quand j'étais près de succomber sous le faix des inquiétudes et du découragement, j'adoucissais mes ennuis en me disant à moi-même : *un jour tous les Français seront heureux*. Et aujourd'hui encore, quand je me sens attristé par les tentatives de malintentionnés, ou par les désordres populaires qu'ils occasionnent, c'est toujours cette idée flatteuse qui vient reporter le calme dans mon cœur. »

Quelle différence de langage avec celui que nous lui entendrons tenir au commencement de l'année 1795 ! Or, dans le parti des bourreaux, la famille Sabourin a, comme bien d'autres, à demander compte de *sang*, de *ruine* et d'*exil*. Dans le parti intermédiaire, dans le parti *Girondin*, si l'on veut, et qu'il nous a été difficile de définir à cause de toutes ses nuances, nous avons à réclamer de l'indulgence pour de l'enthousiasme de jeunesse cruellement châtiée ; nous avons aussi du pardon à demander pour des fautes expiées publiquement par un sincère repentir. Enfin, dans le troisième, dans le bon parti, nous avons à exiger de l'admiration, et l'on devine pour quel personnage, pour celui que nous avons appelé le *héros*.

Et d'abord voyez-vous dans ces écrits de l'époque, dans ces feuilles toutes sanglantes ?... C'est une tête de vingt-trois ans qui tombe sous le coutelas du bourreau, la tête d'Armand !... (9 juillet 1794)... C'est, avant l'exécution du crime, son épouse éplorée, tenant entre ses bras son enfant, et se jetant aux pieds de ses bourreaux, je voudrais dire ses juges, afin d'en obtenir la vie de son époux : elle n'en reçoit que des menaces et des insultes... Prenez et lisez, mon cher lecteur : leurs noms sont ici, à la honte de notre bonne ville de Poitiers. Voici leurs horribles paroles... Voici leur caractère infernal parfaitement tracé...Voici leur semblant, leur parodie de justice... Voici leurs signatures : je pourrais dire plutôt voici leurs griffes ; car il semble que c'est celle d'un tigre ou d'une panthère qui est venue toute sanglante et toute boueuse se poser au bas de ce papier blanc !...

Oh ! que ces noms que je ne nommerai pas, que je lis cependant sur bien des portes et sur bien des visages, que ces noms m'expliquent de choses, de situations, de fortunes, de sentiments , d'opinions , que sais-je encore !.... Il en est de ces noms qui se portent encore parmi nous, comme une note d'infamie, et certes il y a de quoi. Il en est d'autres moins célèbres et moins odieux, dans nos sanglantes annales ; honneur aux enfants qui nous le font oublier de plus en plus ; ils valent mieux que leurs pères ; et puissent-ils nous donner après eux de meilleures générations !...

Et cet œil toujours ouvert et qui brille sur cette pancarte, où l'on vous accordait le droit de vivre, comme on accorde aujourd'hui le droit de passer... (les certificats de civisme , ils portent tous en tête le fameux dilemme du temps : liberté, égalité, fraternité, ou *la mort)* ! Et cette main dans le fond de cette lettre, où elle semble avoir voulu pénétrer jusqu'à la fontaine des larmes, pour savoir s'il n'en restait pas quelques gouttes, pour sentir si le cœur ne battait point encore pour quelque absent ou quelque victime... (presque toutes les lettres d'alors étaient visées, et nous en possédons plusieurs qui portent ces *visa*, avec la signature des employés *ad hoc*) : oui, le *visa* (1) de ces monstres, de ces tyranneaux de province, épiant les soupirs, les regrets, les espérances ; les laissant à peine s'échapper au loin dans de mystérieuses correspondances, ou sous les voiles de la plus ingénieuse allégorie, par des ruses délicates et souvent victorieuses, dont seuls étaient capables des cœurs si malheureux, si comprimés, et cependant si gonflés de chagrins, d'affections et d'amour, on parvenait à tromper leur barbare surveillance, et à mettre en défaut leur sauvage et infernale perspicacité.

Ce n'est donc pas seulement la tête des prêtres et des nobles qu'ils faisaient tomber sous la hache de leurs bourreaux ; c'était aussi la tête de ceux-là qui les avaient aidés à s'emparer du pouvoir, mais qui ne voulaient pas les suivre dans leurs projets tyranniques et sanguinaires. Le pauvre peuple lui-même leur a fourni bien des victimes ; et nous avons là-dessus des

---

(1) « Vue et lue avant d'être cachetée, par nous commissaire soussigné à l'inspection des lettres partant pour l'étranger, à Thouars, département des Deux-Sèvres, le 4 janvier 1793, l'an 1er de la république française. Signé : Noy... »

aveux de Planier (1), qu'il est bon de recueillir : « Je *soupirais* depuis longtemps, écrit-il, après l'heureux moment où le sang français ne coulerait plus à grands flots, lorsque la révolution du 9 thermidor arriva : alors je vis notre atmosphère s'éclaircir, et la justice sortir rayonnante des nuages couleur de sang, qui l'avaient dérobée pendant longtemps aux yeux des humains. Accablé par le poids d'une place que j'avais occupée dans des temps malheureux, mon âme tout entière commença à s'épanouir ; je me livrai à corps perdu à la douce jouissance de faire des heureux (l'hypocrite !). Sous la dénomination vague, d'hommes suspects, dans nos prisons étaient indistinctement entassés le *cultivateur* et le *fanatique* (lisez le prêtre, le bon chrétien), le *journalier* et *l'aristocrate*, *l'artiste* et le *contre-révolutionnaire*, le *négociant* et le *royaliste*. Le commerce de Poitiers était à deux doigts de sa perte, ses principales colonnes étaient renversées ; je me hâtai de les relever et de donner de la vigueur à ce premier mobile d'un état social. »

Après ces aveux, citons un fait confirmatif. Dans un autre passage de son mémoire, Planier est hagiographe sans s'en douter, en écrivant à sa manière la légende d'une sainte. Et de quelle sainte ? d'une pauvre

---

(1) Président du tribunal criminel du département de la Vienne, Mignen, dit Planier, fut incarcéré, après la mort de Robespierre, dans les prisons de Niort; c'est là qu'il rédigea son mémoire justificatif, imprimé à Châtellerault, chez Guimbert, en août 1795.

servante, morte victime de sa conscience et de son héroïsme chrétien. « La fille Chemineau , âgée de vingt-cinq ans , aide de la maison de la veuve Tabard (1) , a été condamnée et mise à mort , pour avoir recélé , est-il dit , Félix Tabard , prêtre réfractaire : comme si cette jeune fille eût pu être receleuse et responsable des personnes qui venaient dans une maison où , bien loin d'avoir quelque droit et quelque autorité, elle n'avait qu'à obéir. » — Voici l'accusation contre Planier , rédigée par lui-même; voyons maintenant sa défense : « La veuve Tabard était détenue depuis six mois , lorsque son fils fut trouvé caché chez elle : aussi ne fut-elle pas mise en jugement. » (On l'y eût mise apparemment, si elle n'avait pas été incarcérée ; et pourquoi faire ? pour condamner à mort une mère *coupable* d'avoir reçu chez elle un fils innocent et persécuté !) — Mais continuons la défense de Planier : « La fille Chemineau, domestique, demeurait habituellement seule dans la maison » — (Donc elle était responsable, donc elle était *coupable.*) — « Que n'ai-je point tenté pour sauver cette malheureuse fille aveuglée par le *fanatisme?* Son interrogatoire en fait foi. Après son interrogatoire, je fus tellement affecté de voir cette jeune personne courir en *fanatique* au supplice, que j'envoyai le citoyen Romanet fils, huissier du tribunal, lui parler dans son cachot, et lui

____

(1) A Loudun.

dire, de la part des juges, que si elle voulait seulement déclarer qu'elle ignorait que ce fût un crime d'avoir récélé un prêtre, elle serait sur-le-champ mise en liberté; qu'au contraire elle irait à la mort dans l'après-midi... » — (Ces trois points sont de Planier lui-même; il attend donc la réponse avec *anxiété*.) — « Nous attendîmes et nous eûmes la *douleur* d'apprendre qu'elle persistait à soutenir qu'elle était seule dans la maison, qu'elle seule avait recélé Tabard, qu'elle l'avait fait sciemment et en pleine connaissance de la loi. Après avoir fait pour elle tout ce que la *pitié*, l'*humanité* pouvait nous inspirer, *enchaînés* par la loi, nous ne pûmes nous *dispenser* de prononcer sur son sort, en *gémissant* sur son *erreur*. » Ne croit-on pas entendre, sauf le style, le récit du martyre d'une jeune chrétienne de l'Église primitive? et cette sainte fille ne serait-elle pas digne d'être canonisée?

Mais le crime dont Planier essaie surtout de se défendre, dans son mémoire justificatif, c'est la mort d'Armand Sabourinet de quatre autres citoyens de Poitiers: par le fait, il fut *complice de ceux qui les dénoncèrent et qui les envoyèrent mourir sur les échafauds de Paris* (1). Armand Sabourin avait reçu chez lui, comme

(1) « ... Voyez le président du tribunal criminel, disait-on à leurs épouses, conjurez-le de terminer cette affaire; jetez-vous à ses pieds, arrosez-les de vos larmes ; restez sur le seuil de sa porte jusqu'à ce qu'il sorte de chez lui pour aller juger vos maris. Ces malheureuses ne manquèrent pas d'empressement; leur zèle égalait leur amour. Mais Planier avait un cœur de

partisan de ses généreuses idées, un personnage mystérieux, le fameux abbé Guyot de Folleville (1), qui,
peu de jours après, prit congé de son hôte, pour aller
faire l'évêque d'Agra, au milieu des armées vendéennes.
C'en fut assez pour le compromettre, lui et les quatre
autres, ses amis, accusés de *modérantisme* (2). Mais
laissons ici la parole à un témoin oculaire, frère
d'une de ces cinq victimes. Dans des pages imprimées
à Poitiers (3), quelques mois après l'événement, et portant pour titre : *Récit exact de l'assassinat de cinq
patriotes du département de la Vienne*, il a écrit avec
le jargon du temps, dont, par habitude ou par prudence, les honnêtes gens eux-mêmes étaient obligés de
se servir, les pages les plus noires qu'on ait écrites sur
cette lugubre époque :

« .... Je les ai suivis à Paris avec la douleur et l'a-
battement d'une mère qui accompagne au tombeau le
fruit de ses entrailles... Arrivé dans cette immense

fer, il leur répondait avec ce flegme du crime consommé qui
trompe l'innocence : *Demain, toujours demain*. Cependant, si
on allait consulter les juges, ils répondaient : *pressez Planier,
c'est de lui seul que dépend la fin de cette affaire...* » — Chauveau, *Récit exact de l'assassinat de...*

(1) Voir un compte-rendu à la Convention nationale, par
Jugrand. Il y parle des prétextes de la condamnation à mort
d'Armand Sabourin, à savoir ses relations avec le faux évêque
d'Agra, il s'y vante aussi d'avoir eu *l'humanité* de présenter
lui-même à la Convention une pétition de la citoyenne Sabourin, à l'effet de faire juger son époux par le tribunal de Poitiers, plutôt que par celui de Paris. — Mai 1795. — Voir aussi
dans Feller l'article *Guyot de Folleville*.

(2) Ils se nommaient : Conneau des Fontaines, Clergeau,
Tabard, Chauveau, Sabourin.

(3) Chez Barbier, en avril 1795.

cité, qui n'était alors qu'un vaste cimetière où l'on amenait des morts de toutes les parties de la France, je rendis une visite à Piorry !... Mon cœur était serré de crainte et de saisissement ; je croyais, en mettant le pied sur le seuil de sa porte, faire un pas vers la mort.

« Après quelques moments d'une conversation très froide, Piorry m'interrompt tout à coup, avec un air de triomphe et de satisfaction : *Voici*, dit-il, *l'heure où l'on va guillotiner ; y viens-tu? Allons, ma femme, voir défiler les chariots ; c'est notre dessert à nous*, ajouta-t-il. Le barbare ! il voulait me rendre le spectateur du supplice qu'il préparait à toute ma famille ! Je le suivis par derrière. Après l'exécution, je m'aperçus qu'il voulait s'éloigner de moi ; c'est alors que je me hasardai enfin à lui parler de l'affaire qui, depuis le commencement de notre entrevue, faisait battre mon cœur. *Ton frère est dans un mauvais cas*, me dit-il d'une voix qui retentit encore en sons lugubres au fond de mon âme ; *il a parlé contre Marat ; il est venu à Paris pour me dénoncer. Sabourin n'a pas voulu se ranger du bon côté. Pour Clergeau, je ne le connais pas ; mais il est neveu de Coneau. On ne juge pas ici d'après les formes ; et puis, quand nous avons au tribunal des hommes douteux, nous les arrêtons avec des contre-révolutionnaires déclarés, et nous les faisons juger et guillotiner tous en bloc.* Un frémissement général me fit tressaillir. Je balbutiai quelques réponses, il me laissa. Je le suivis des yeux pour m'assurer si c'était un homme.

« ... Je le vis un autre jour ; il sortait de sa maison l'air éclatant de joie : *Viens*, me dit-il, *voir guillotiner Dubellay, de Poitiers, et Fériault qui a été mon camarade de classe.* J'hésitai.... *Viens*, poursuit-il, *il n'y a que les aristocrates qui ne veulent pas voir guillotiner.* Il fallut le suivre ; il me força à voir défiler les chariots ; il me fit avancer auprès de la guillotine ; j'avais l'air moi-même d'aller au supplice. L'exécution commence... Il tire sa montre, compte les minutes, plaisante sur l'air et le maintien de chaque malheureux. L'exécution finie : *Mon Samson* (1), dit-il, *est expéditif.* Mes cheveux dressent encore d'horreur !...

« Enfin le jour fatal arriva. Piorry, poursuivant toujours sa proie avec acharnement, assistait ou plutôt présidait au jugement en habit noir, un plumet sur la tête, en costume de député. Les juges impitoyables qui inspectaient les massacres du tribunal révolutionnaire, ne permettaient pour toute réponse que *oui* ou *non*, sans autre explication. Après quelques légères formules faites pour le peuple, qu'on ne pouvait rendre complice de tant de perfidie, mes frères furent condamnés ; ils furent aussi traînés en spectacle, ces malheureux ; et Piorry les suivit encore jusqu'à l'échafaud, pour boire leur sang !....

« Bourreau des miens, que t'avait fait ma famille pour lui faire tant de mal ? et de quel droit me dis-tu, lorsqu'en partant de Paris j'eus encore le courage d'aller te voir pour sauver au moins mon père : *Dis aux*

(1) Le bourreau.

veuves des condamnés qu'elles se gardent bien de tenir des propos, quand elles seront arrivées à Poitiers, et sois discret toi-même ; il y va du salut de leur famille et de la tienne !... »

La mort d'Armand Sabourin fut présumée à Poitiers, avant d'y être connue positivement ; il y était donc condamné d'avance, comme le prouve l'étrange circulaire que voici :

« *Liberté, égalité, fraternité ou la mort.*

« Poitiers, ce 25 messidor , l'an 2ᵉ de la république française, une et indivisible.

« Les administrateurs du directoire du département de la Vienne aux administrateurs du district de C...

« Nous vous transmettons les extraits que l'accusateur public près le tribunal révolutionnaire nous a adressés le 21 de ce mois, constatant la condamnation à mort de Gauvin, Chauveau, Conneau, Desfontaines, Tabart, Clergeau, Chateigner et Laroche-Dumaine. Nous vous prions de séquestrer de suite leurs biens qui se trouveront dans votre district. L'accusateur public ne nous parle point de la condamnation de Sabourin, prononcée en même temps que les autres ; *comme ce peut être un oubli*, vous voudrez bien remplir à son égard les mêmes formalités » (c'est-à-dire confisquer ses biens...). Il avait 23 ans, et ses trois amis, Clergeau, Chauveau, Tabart, en avaient à peine 25...

Indulgence donc pour tant de jeunesse et de si bonnes intentions. Élèves de l'Église qui les avait fortement trempés , ils gardaient encore beaucoup de choses de leur première éducation. Ils étaient instruits ; ils parlaient et écrivaient mieux qu'on ne parle et qu'on écrit à l'heure présente. Ils avaient beaucoup de cœur ; mais, conduit par leur esprit dont la révolution avait faussé les idées et le ton , ce cœur ne battait que pour des chimères ou pour un faux patriotisme ; et comme l'a chanté de l'un d'eux notre représentant à l'Assemblée nationale de 1789, Félix Faulcon, a chanté, dis-je, de son neveu Chauveau , ami de Sabourin et son ami jusqu'à la mort,

> . . . . dont l'âme ardente et neuve
> De nos nouvelles lois idolâtrait l'épreuve.

épreuve sanglante, qu'ils ont commencée sans en prévoir tous les résultats, et dont eux-mêmes ils furent les victimes !....

Répandons sur leurs tombes les fleurs de la poésie qu'y jetait à pleines mains le député que je citais tout à l'heure, en même temps qu'il stigmatisait leurs bourreaux et qu'il les attachait, dans ses vers, au pilori de l'exécration publique. Je reprends, s'écriait-il dans le début de son poème du *Robespierrisme*, suivi du *Maratisme*, et imprimé à Poitiers, au commencement de 1795,

> Je reprends mes pinceaux si longtemps négligés...
> Mânes plaintifs, j'en jure, oui, vous serez vengés ;
> Oui, je vais buriner l'opprobre et l'infamie
> Sur ceux qui dans le deuil ont plongé ma patrie.
> *Robespierre* et consorts, c'est vous que je poursuis ;
> En face du public ici je vous traduis.
> Je veux, versant l'horreur sur vos têtes coupables,
> Transmettre à nos neveux vos forfaits exécrables.

> O toi ! démon des vers, viens embraser mes chants ;
> Anime-les de traits terribles et touchants,
> Pour qu'ils puissent porter chez les races futures
> Ce ramassis infect d'horribles aventures...
> Mais par où commencer ces sinistres tableaux ?
> Et la flamme, et le fer, et la terre, et les eaux,
> Tout retrace à mes yeux d'épouvantables crimes :
> Je ne vois qu'assassins ; je ne vois que victimes.

. . . .

. . . .

« Ce poème, dit l'auteur, fruit de la vérité et d'une indignation profonde, fut composé immédiatement après l'immortelle journée du 9 *thermidor* (1). Il me coûta peu de peine ; car chaque vers émanait directement de mon cœur. »

Et dans sa note 63ᵉ : « Cet article regarde particulièrement les lecteurs poitevins, pour qui les cinq noms de Conneau, Clergeau, Chauveau, Tabart et Sabourin (ces quatre derniers âgés à peine de 25 ans), seront toujours un objet déplorable d'attendrissement et de regrets. Ils furent égorgés, comme tant d'autres, *à la grande boucherie de Paris*, sans preuves, sans examen, sans conviction. Tous ceux qui les connurent auront peine à se consoler jamais ; mais combien je dois être attristé davantage, moi, qui dans Conneau ai perdu un ami, dans Clergeau, dans Chauveau, deux neveux que j'affectionnais tendrement ; et qui savais apprécier les talents distingués de Tabart et surtout de Sabourin ! Hélas ! ce furent ces talents et

_____

(1) Époque de la chute de Robespierre, 28 juillet 1794,

ceux de l'infortuné Chauveau qui les précipitèrent dans la tombe... »

Et enfin dans sa note 68°, sorte d'élégie en prose, prononcée sur la tombe de son neveu Chauveau : « Un jeune homme de vingt-quatre ans et de la plus belle espérance, rempli de patriotisme et de talents, mon élève, mon enfant d'adoption, traîné à la boucherie et égorgé misérablement, sans que même il lui fût permis d'ouvrir la bouche pour se défendre !... Non, je ne peux m'accoutumer à cette idée tourmentante, et pourtant je ne saurais m'en dessaisir.

« J'ai perdu déjà bien des personnes qui me furent chères, des camarades d'enfance, une épouse tendrement aimée, l'excellente femme qui me donna le jour, et le meilleur des pères, qui était en même temps pour moi le meilleur des amis. Toutes ces pertes successives m'ont cruellement affecté ; mais la dernière m'a plus endeuillé encore... Les heures, les jours, les mois s'écoulent, et ma douleur ne fait que s'enraciner davantage.

« Je jouissais par *Chauveau* de tout ce qui fait le charme de la vie : c'est moi qui l'avais formé, et je pouvais m'applaudir de mon ouvrage. Je le chérissais comme un autre moi-même, et il me payait bien de retour. Souvent il préférait ma société solitaire aux plaisirs les plus innocents de son âge ; nos âmes étaient montées à l'unisson ; tout ce que j'aimais, il l'aimait de même : la musique, la lecture, la poésie étaient notre commune occupation de tous les jours. J'avais contribué à graver dans sa jeune âme un zèle ardent pour la cause de la liberté ; entièrement épris d'elle, il aimait à me communiquer ses craintes, ses espérances, et à interroger mon expérience, fruit coûteux des années et des grands événements dans lesquels j'ai été acteur. Je jouissais avec délices de l'attachement qu'il me témoignait, et je devais être autorisé à espérer que mes derniers jours seraient embellis par les témoignages de son affection. Il a cessé d'être... Je ne le verrai plus dans ces promenades agrestes, que tant de fois nous parcourûmes ensemble ; et le laps des années (s'il doit encore s'en écouler pour moi) ne me rendra jamais ce que j'ai perdu en le perdant.

« O vous ! âmes sensibles, qu'importe que le nom de *Chauveau* et le mien vous soient peut-être inconnus ? vous n'en prendrez pas moins part à ma peine : il est un lien sympathique qui vous attache à l'expression de mes douleurs, et je ne crains point de vous importuner... (1). »

Enfin terminons par un mot d'un discours de Pas-

(1) Je citerai en supplément, à la fin de ce chapitre, d'autres notes du *Robespierrisme*; elles caractérisent parfaitement bien les hommes et les choses de la révolution, et à cet égard elles offrent un certain intérêt. Du reste, voici ce qu'en dit l'auteur lui-même : « J'ai trouvé quelques charmes à appliquer des citations, tant anciennes que modernes, aux déplorables événements que je viens de retracer ; au demeurant, ceux à qui elles paraîtront trop multipliées, ou bien à qui les langues qui me les ont fournies ne sont pas familières, suivront le conseil du poète J.-B. Rousseau : *ils les feront courtes, en ne les lisant point.* » — F. Faulcon. — Je les ferai suivre aussi de quelques passages de son *Maratisme.*

cal Sabourin, frère d'Armand, et prononcé à Thouars, le jour anniversaire de la mort du tyran Robespierre : « Gardez-vous d'assimiler l'*erreur* au *crime*. » Répondant ensuite à un *terroriste* qui avait osé le contredire : « Regarde-moi bien, lui dit-il, tu vois en moi un frère que la révolution a injustement privé de son frère, et aussi un fils à qui les suites de ce même événement ont arraché un père. (Il était mort de douleur et presque subitement en apprenant le supplice de son fils.) Vois enfin une mère, une épouse éplorée, des frères, des enfants désolés ; et si ton cœur est accessible à quelque sentiment de pitié, tu cesseras de censurer l'accent de la douleur, et conviendras avec moi qu'il fut en effet un temps où la vertu gémissait proscrite, où le crime respirait impuni. » C'était, en peu de paroles, faire l'histoire des infortunes de sa famille, la famille Sabourin, et par elle, en résumé, l'histoire des malheurs de toute la France.

SUPPLÉMENT.

QUELQUES NOTES DU *Robespierrisme*

DE FÉLIX FAULCON,

Suivies de quelques passages de son *Maratisme*.

I.

Note 1re.   *Si longtemps négligés.*

« Un homme qui voulait écrire était placé naguère
entre le mensonge et la mort ; comme je ne voulais ni
mentir ni cesser d'être, j'avais déposé ma plume, et
j'osais à peine la reprendre parfois pour l'exercer sur des
feuilles solitaires et dérobées à tous les regards, où je
dépeignais en traits de flamme le régime épouvantable qui dévastait mon pays ; quelque jour peut-être,
je les publierai, ces archives de douleur et de misère,
que j'ai été obligé longtemps de cacher avec la plus
attentive précaution.... *Jam enim charta ne me
proderet, pertimescebam. — Cicero, ad Atticum.*

N. 3°.   *Robespierre.*

Comment le peuple français et ses représentant ont-
ils pu se laisser asservir par un pareil personnage, à qui
la nature avait tout refusé, hormis quelque souplesse
dans l'esprit ! Sa vilaine figure annonçait le crime et

son âme le respirait : il n'avait d'ailleurs aucune des qualités brillantes qui illustrent parfois les grands scélérats.

N. 4e.   *Et consorts.*

Comme les Dumas et Fouquier-Tinville, à Paris, les Goulin et Grandmaison à Nantes, les etc , etc., etc... Il n'est point de ville qui n'ait renfermé des scélérats de cette trempe, despotes également partout, et partout métamorphosés sous les dénominations diverses d'*administrateurs, surveillants, commissaires,* etc., etc... A eux seuls exclusivement appartenait le droit de tout dire, de tout faire, de tout oser, et l'incarcération au moins était le lot immanquable de tous ceux qui, se trouvant placés d'une manière ostensible, étaient assez téméraires pour ne pas paraître dire et faire comme eux.

Qu'était-ce donc que cette prétendue liberté qu'on cherchait tant à faire valoir !.. Quæ enim est libertas ? potestas vivendi ut velis... Quis igitur vivit ut vult, nisi qui nihil dicit, nihil facit, nihil cogitat denique, nisi libenter et liberè ? — Cicero.

N. 5e.   *chez les races futures.*

> Audiet cives acuisse ferrum,
> Audiet pugnas, vitio parentum,
> Rara javentus.

                                              Horatius.

N. 6e.   *Mais par où commencer ?*

Quisnam tali futurus ingenio est, qui possit hæc

ita mandare litteris, ut facta non ficta videantur esse ?
— Cicero.

N. 7e.   *et le fer.*

Vis colitur, jurisque locum sibi vindicat ensis.
— Silius Italicus.

N. 8e.   *d'horribles comités.*

Tous les Français d'aujourd'hui savent bien et n'oublieront pas sans doute ce que furent ces comités *dits de surveillance* ou *révolutionnaires* ; mais les premières générations, en apprenant qu'ils tenaient arbitrairement dans leurs mains la destinée de vingt-quatre millions d'hommes, ne pourront croire que la plupart des membres qui les composaient, surtout dans les grandes villes, étaient à la fois de tous les mortels, les plus ignorants, les plus cruels et les plus immoraux ; bouffis d'arrogance et d'un sot orgueil, ils abusaient insolemment de l'autorité oppressive qui leur était confiée, et ne comptaient leurs journées bien remplies, qu'à proportion des malheureux qu'ils avaient faits. Pour donner une légère idée de leur inhumaine stupidité, je vais copier un de leurs *billets à ordre* que j'ai lus... « Le sieur *** se rendra ce soir à la maison d'arrêt de ***, avec son épouse, *s'il en a une* ».

Héliogabale et Busiris, à peine égaliez-vous de pareils gens, quoique vous ayez justement encouru l'exécration des siècles par vos rafinements de barbarie ; mais vous n'étiez que deux... et eux, ils étaient des milliers disséminés sur tous les coins et recoins de la France !

N. 10ᵉ.   *La fortune.*

Omnia erant præcipitia in republicâ : id quoque
accessit, ut sævitiæ causam avaritia præberet, et modus
culpæ ex modo pecuniæ constitueretur , et qui fuis-
set locuples, fieret nocens. — Velleius Paterculus.

N 12ᵉ.   *Des tribunaux de sang ,*

Les membres des tribunaux révolutionnaires étaient
aussi bien choisis que ceux des comités de surveillance,
et c'est tout dire ; ceux-ci étaient comme les limiers
de ceux-là ; les uns dévoraient la proie que les autres
avaient dépistée et saisie par avance.

N. 13ᵉ.   *Où sans suivre les lois.*

Il n'y avait ni jurés ni défenseurs ; l'accusé même ne
pouvait se faire entendre... A quoi bon, en effet, donner des secours à l'innocence , puisqu'on ne voulait
trouver que des coupables ?

N. 14ᵉ.   *C'est surtout à Paris.*

Si l'on conduisait dans cette ville douze co accusés ,
pour peu qu'il y eût un prétexte d'accusation contre
un seul , il n'en fallait pas davantage pour entraîner
la condamnation de tous les autres.

Il y avait surtout certaines classes de citoyens pour
qui l'incarcération, décidée dans *la haute sagesse des
surveillants*, était un arrêt presque infaillible de mort.
Aviez-vous été *noble ?* la mort ; *prêtre ?* la mort ;
financier ? la mort ; *parlementaire ?* encore la mort...
Constituant enfin ? toujours la mort... Les journaux

divers sont autant d'annales sanglantes qui attesteront à jamais cette affreuse vérité ; ils diront aussi que la rage féroce des meneurs, tant du premier que du dernier ordre, était insatiable, et que les jours, en s'écoulant, loin de l'assouvir, semblaient l'irriter davantage.

Quæ non posterior dies acerbior priore, et quæ non insequens hora antecedente calamitatior populo romano illuxit ! — Cicero.

N. 15e.   *Ailleurs furent des toits.*

Il serait trop douloureux et trop long d'énumérer tous les lieux qui ont été pillés, saccagés, brûlés, tant dans la malheureuse Vendée et pays environnants, que dans les alentours de Lyon, Marseille, Avignon, etc., etc.

N. 16e.   *Ils donnent le trépas.*

> Quò quò scelesti, ruitis ! ecquid dexteris
> Optantur enses conditi !
> Parùm ne campis atque Neptuno super
> Fusum est latini sanguis !
> Horatius.

N. 19e.   *Les vols.*

Venales que manus ; ibi fas, ubi maxima merces. — Lucanus.

N. 20e.   *fusillades ... noyades.*

S'il est quelqu'un qui ignore encore ce qu'expriment ces deux mots, il lui suffira de parcourir les papiers publics depuis deux ans, aux articles Lyon, Marseille, Brest, Angers, etc. ; qu'il lise aussi les horribles détails produits devant le tribunal révolutionnaire, dans l'affaire dite des Nantais.... alors il saura que, quand les bras des bourreaux ordinaires étaient trop fatigués (ce qui devait leur arriver souvent), ceux qui les dirigeaient, accumulaient un grand nombre de victimes, qu'ils faisaient immoler ensuite à coups de fusil, et quelquefois même à coups de canon, pour s'en défaire plus promptement ; ou bien ils les engloutissaient en masse dans l'abîme des eaux.

Dieu tout-puissant ! tant d'atrocités se sont-elles réellement passées sous nos yeux dans le xviie siècle ? ou plutôt n'est-ce point que mon imagination trop active me fait rétrograder vers les époques abominables de Caligula, Domitien, etc., etc. ?...

N. 22e. *Des malheureux enfants.*

Voyez le discours du député Magnant et celui du citoyen Thomas, prononcés, l'un là la Convention, le 9 vendémiaire dernier, et l'autre devant le tribunal révolutionnaire, le 13 février. C'est là et dans le procès des Nantais, qu'on trouve une longue liste de destruction de vieillards, et de femmes enceintes, d'enfants à la mamelle, d'autres pas encore parvenus à l'adolescence.

N. 24e. *Commises à l'envoi.*

« Sous quelle tyrannie aimeriez-vous vivre ? Sous aucune, disait Voltaire ; mais s'il fallait choisir, je détesterais moins la tyrannie d'un seul, que celle de plusieurs... » Et Bodin avait donc bien raison d'écrire, il y a plus de deux siècles qu'il est dangereux d'avoir des méchants pour sénateurs, quoiqu'il soient subtils et bien expérimentés, d'autant qu'ils se soucient peu de renverser toute une cité, pourvu que leur maison demeure entière au milieu des ruines.

N. 26e. *Et leurs férocités.*

Dispersi per municipia, spoliare, rapere, vi et stupris polluere, in omne fas nefasque, avidi aut venales, non sacro, non profano abstinebant. — Tacitus.

N. 27e. *Ces modernes princes.*

Pour un tyran, il y en a dix mille ; aussi le pauvre peuple est rongé jusqu'aux os, et cruellement asservi.

N. 31e. *Infernale clique.*

Homines inertissimi, quorum omnis vis virtusque in linguâ sita erat, fortè atque alterius socordiâ dominationem oblatam insolentes agitabant. — Salustius.

N. 32e. *De quelques factieux.*

Iidem illi factiosis regunt, dant, adimunt quælubet, innocentes circumveniant, suos ad honores extollunt. — Salustius.

N. 35e. *De pareille disgrâce.*

Sur les terribles portes de certains *comités de surveillance,* étaient inscrits ces mots : *c'est être suspect que de venir solliciter ici ;* or ce fatal mot de *suspect,*

tant prodigué, entraînait infailliblement l'incarcération ; il s'ensuivait de là qu'il fallait opter entre le
cachot, suivi souvent de la mort, et l'abdication désolante des premiers devoirs de l'amitié et de la nature.

N. 36e. *De probité, vertu.*

Ils avaient mis la probité et la vertu à l'ordre du
jour, et les pratiquaient tout aussi peu qu'ils ajoutaient
de foi à l'existence de l'Être suprême, que pourtant ils
avaient reconnue de la façon la plus authentique.
Rien n'atteste mieux l'avilissement où les Français
étaient tombés, que l'impudeur insolente avec laquelle
leurs tyrans osaient en propos se pavaner de vertus
qu'ils outrageaient sans cesse dans leurs actions ; ils
nous croyaient donc bien stupides ou bien lâches !...
et ils n'avaient pas tout à fait tort.

N. 37e. *Despotisme.*

Non regno, sed rege liberati videmur. — Cicero.

N. 38e. *De si grands scélérats.*

At qui sunt hi qui rempublicam occupavere ? homines sceleratissimi, cruentis manibus nocentissimi
idemque superbissimi ! — Salustius.

N. 39e. *Infectaient nos climats.*

Nec spes quidem ulla recipiendæ libertatis animis
poterat offerri, nec ulli remedio locus apparebat contra tantam vim malorum. — Seneca.

N. 43e. *Toujours en permanence.*

Il n'est encore personne qui n'ait vu de ses propres

yeux ce que je dis là ; il n'est point d'homme paisible et bien pensant dont l'âme n'ait été douloureusement froissée par le spectacle inamovible et partout multiplié sur nos places publiques, de ces machines de mort appelées *guillotines* ; ce n'était pas assez d'immoler chaque jour une multitude de citoyens, il fallait que ceux qui survivaient eussent sans cesse devant eux l'horrible image de la destruction.

N. 45ᵉ.

> . . . . . nec civis erat qui libera posset
> Verba animi proferre, et vitam impendere vero.
>
> Juvénal.

N. 46ᵉ.   *Aristocrate, moi!*

Voilà ce que je disais, il y a peu d'heures, à quelques ennemis de la révolution qui voulaient s'avantager de ma trop légitime douleur, pour me classer parmi leurs adhérents.

Malgré les larmes intarissables que la révolution m'a fait répandre, malgré les amertumes de toute espèce, hélas ! et bien poignantes qui m'ont accablé tour à tour, s'il fallait la recommencer sur nouveaux frais, ce serait encore la cause du peuple que je n'hésiterais pas à embrasser.

Je sais autant et plus que d'autres que le gain de cette belle cause est précédé d'ennuis et de dangers ; je sais que l'anarchie et la licence dénaturent souvent les douces jouissances de la liberté ; je sais aussi que, dans ces moments de crise, le peuple, trop susceptible d'ingratitude et de prévention, sacrifie habituellement ses meilleurs amis ; mais j'oublie tout cela, quand je me retrace la grande leçon des siècles, rappelée dans cette belle phrase de Servant : « Après quelques moments d'anarchie, on a souvent conquis des siècles de liberté, tandis qu'un siècle de despotisme est encore suivi par d'autres siècles de despotisme. » (*Toujours et quand même l'illusionné !*)

N. 50ᵉ.   *Ces prétendus Brutus.*

Il est une foule de très petits hommes qui ont cru devenir bien grands, en se faisant appeler *Aristide, Brutus, Caton,* etc... Ils étaient assez ineptes pour ne pas voir que la comparaison qu'eux-mêmes excitaient à faire était entièrement à leur désavantage... Nous sommes dans la troisième année de notre république, et nous n'avons pas vu parmi nous un seul personnage qui ait approché, même de loin, des qualités austères et sublimes qui ont immortalisé quelques républicains de la Grèce et de Rome.

N. 54ᵉ.   *Qu'étaient leurs échafauds ?*

Piget quidem dicere, his annis quàm ludibrio fueritis paucorum, quàm fœdè, quàmque inulti perierint vestri defensores. — Salustius.

N. 55ᵉ.   *Pour chercher un refuge.*

Nunc fugientes conspectum sceleratorum quibus omnia redundant, abdimus nos quantum licet et sóli semper sumus. — Cicero.

N. 55ᵉ.   *Au milieu des forêts.*

Je ne dis rien de trop ici ; pendant l'espace de plus

de deux années, j'ai demeuré dans ma retraite champêtre, presque toujours seul, et constamment livré aux
réflexions les plus mélancoliques : il fut un temps où
j'avais tout perdu, jusqu'à l'espérance, et pourtant me
trouvais-je heureux encore de pouvoir vivre loin des
hommes, que, malgré moi, j'avais appris à haïr. Dans
cet isolement absolu, je me rattachai avec force à
deux sentiments précieux qui me furent toujours
chers, l'amitié et l'amour des arts: je m'enfonçai à corps
perdu dans l'étude pour me désoccuper de mes ennuis ; parfois aussi les soins touchants de l'amitié me
procurèrent des distractions bien douces.

N. 57ᵉ.   *De n'être pas tranquille.*

Je n'oublierai jamais quatre jours et autant de nuits
que je passai, il y a peu de mois, au coin de mon foyer
solitaire, entièrement abandonné à moi-même, dénué de toute espèce de consolation, dans l'attente imminente et formellement annoncée d'une arrestation soudaine. J'échappai par miracle et avec l'aide de quelques
amis, au sort que *Messieurs les surveillants de Poitiers* me destinaient ; mais quelles furent amères les
angoisses que je ressentis pendant ce long espace de
temps ! J'éprouvai bien que l'attente du mal est pire
que le mal même. Toutes les figures étrangères que je
voyais me semblaient de mauvais augure ; je palpitais
involontairement d'épouvante et d'horreur à chaque
bruit qui se faisait entendre... Ah ! pendant des journées pareilles, les heures ont plus de soixante minutes,
elles n'ont point de fin.

N. 64°, 65°, 66°. — *Il était plus encore. — Nous avions mêmes goûts. — Après avoir soigné sa première jeunesse.*

Amicitiæ vinculum est sanguinis vinculo cautius, et exploratius ; quod illud nascendi sors, fortuitum opus, hoc uniuscujusque solido judicio incoacto voluntas contrahit. — Aurelius Victor — jucundissima amitia quam similitudo morum conjugavit. — Cicero. — Eduxi à parvulo, habui, amavi pro meo. — Terentius.

N. 70°.   *Ces hommes teints de sang.*

Un citoyen aussi probe que véridique me disait, aujourd'hui même, qu'ayant eu occasion de voir à Paris un homme trop connu dans nos climats, il l'avait entendu célébrer avec beaucoup de complaisance le plaisir qu'il éprouvait à être témoin habituel des guillotinements qui étaient si multipliés alors : Non, s'écriait-il, avec un transport féroce de satisfaction, non, je ne connais pas de spectacle plus ravissant que celui de contempler le sang qui sort à gros bouillons d'un corps séparé de la tête.... O Providence! comment peux-tu engendrer des monstres pareils ? comment peux-tu permettre qu'ils tiennent dans leurs mains avilies le sort des mortels qui sont un ouvrage de tes mains ?... Certes, je ne suis pas athée ; mais je le deviendrais, je crois, si je m'occupais souvent de cette idée.

N. 72°.   *Et non plus la Terreur.*

. . . . . . Violenta nemo imperia
Continuit diù, moderata durant.
                    Seneca.

N. 74°.   *La probité.*

Quid leges sine moribus
Vanæ proficiunt!
                    Horatius.

Ces notes écrites par un témoin oculaire et républi-
cain nous donnent une histoire saisissante de la *Terreur*, et, sauf le sang, l'histoire frappante des jours que
nous traversons (1883).

II.

QUELQUES PASSAGES DU *Maratisme*. (1).

« ... Citoyens, ces images satisfaisantes que je me
plais à retracer devant vous, et les perspectives fortu-
nées qu'elles nous annoncent pour l'avenir, ne doivent
pas nous empêcher de reporter nos regards en arrière,
et de contempler les cicatrices encore fumantes des
plaies profondes qui ont si longtemps déchiré la
France... Ah! ne les oublions jamais, nos longues
infortunes; ayons-les sans cesse devant nous, et surtout remettons-en souvent le tableau épouvantable
devant la génération naissante... Qu'ils sachent donc

(1) *Le Robespierrisme* et le *Maratisme* de notre député Félix
Faulcon ont été lus à la *Société populaire* de Poitiers et impri-
més par son ordre, en mars 1795.

ces enfants sur qui reposent nos espérances, qu'ils sachent que la seconde année de la république fut souillée par toutes sortes d'horreurs et de forfaits inconnus jusque-là dans l'histoire, ce dépôt authentique des grandes vertus, comme des grandes turpitudes de l'espèce humaine ; qu'ils sachent qu'alors le territoire français, occupé presque uniquement par des hordes coalisées de tyrans, de geôliers et de bourreaux, était de toutes parts inondé du sang de l'innocence (1); qu'ils sachent enfin que, parmi les citoyens non associés à la faction dominante, il n'en est peut-être pas un seul qui n'ait été, ou jeté dans les cachots, ou menacé d'y être jeté, ou qui n'ait eu à pleurer sur l'infortune de quelque personne chérie... Je vous interpelle, citoyens qui m'écoutez : dites si c'est la vérité qui conduit ma plume...

Alors comment conservez-vous dans votre enceinte le buste de leur coryphée, d'un monstre tout ruisselant d'assassinats, de ... *Maraï* ?

... Si je ne voulais pas limiter, le plus possible, les lignes que je trace en ce moment, il ne me serait pas difficile de vous prouver, de la façon la plus évidente et la plus palpable, que cet homme vil et sanguinaire fut salarié tour à tour, tantôt par la faction *Orléanique*, qu'il servit pendant la tenue de l'Assemblée constituante ; tantôt par les puissances étran-

(1) Nihil autem miserius, quàm cùm plebs imperita magnâ cùm voluptate supplicia spectans, tyrannorum æquitatem laudat. — Bodin.

gères, qui achetèrent sa plume prostituée et vénale pendant le cours de l'Assemblée législative; tantôt par *Robespierre et clique*, dont il fut l'émissaire affidé depuis le commencement de la *Convention* jusqu'au jour où il cessa d'être.

.... C'est ici pourtant, c'est dans cette enceinte, que cette génération naissante dont nous nous entretenions tout à l'heure, que ces enfants chéris qui doivent un jour recueillir le fruit de nos longues fatigues, viendront bientôt chercher des modèles d'honneur et de vertu; comme leur jeune imagination se tourne naturellement vers ce qui la frappe, ils verront *Marat* couronné de lauriers, ce symbole simple mais précieux de la reconnaissance nationale, et ils voudront s'instruire du motif qui lui a valu cette distinction flatteuse.

Quelle sera alors votre réponse ?... Leur direz-vous qu'il a mérité ce salaire respectable, pour s'être baigné dans le sang de leurs pères, pour avoir dénaturé et corrompu l'esprit public, pour avoir attaqué impudemment les principes les plus sacrés de l'équité naturelle? leur apprendrez-vous que, même après son trépas, son nom hideux servit encore de prétexte aux *égorgeurs*, ses pareils, pour traîner à l'échafaud un jeune homme intéressant, votre compatriote, qui, après avoir honoré tant de fois cette tribune par son éloquence et son zèle brûlant pour la liberté, fut indignement massacré à Paris, sans qu'on voulût lui permettre de dire un seul mot pour sa défense? leur apprendrez-vous aussi que ce fut par une suite du régime *cannibalique* dont *Marat* fut l'apôtre le plus fervent, que quatre autres de vos concitoyens, recommandables par leur patriotisme, ainsi que par les qualités réunies de l'esprit et du cœur, furent associés au sort déplorable du malheureux *Chauveau*, et assassinés comme lui, sans preuves, sans instruction, sans le moindre examin (1) ?...

Reportez vos regards vers *Robespierre* et vers *Marat* : ils ont beaucoup parlé, beaucoup écrit.... Eh bien! je défie qu'on me cite une seule loi, que dis-je! un seul article de loi utile qui ait été promulgué d'après leur avis. Des lois sages pourtant feront seules le bonheur de ce peuple dont ils osaient se dire les amis ; mais ce n'est pas son bonheur qu'ils désiraient; ils ne désiraient qu'une série interminable de troubles et de dissensions, qui leur était d'autant plus nécessaire, qu'ils ne pouvaient perpétuer que par là leur effroyable tyrannie, établie sur les bases sanguinolentes de l'anarchie et du terrorisme....

Si (ce que je suis bien loin d'imaginer) il était possible que vous voulussiez conserver parmi vous l'effigie horrible que j'ai là devant moi, je vous déclare avec la loyauté austère d'un homme libre, que je m'abstiendrais pour toujours de porter mes pas dans cette enceinte ; car, malgré moi, je m'y trouve forcé de jeter les yeux sur la représentation d'un mons-

(1) Nous les rapellerons au lecteur : Conneau, Clergeau, Tabart et Sabourin.

tre que j'abhorre, et il me semble alors que je sens encore rejaillir sur moi quelques gouttes du sang innocent et chéri qu'il a fait répandre.

Feminis lugere honestum est, viris meminisse. — Tacitus. »

III.

A ces citations j'ajouterai, comme spécimen du genre de l'époque (1795), le préambule, la conclusion et l'une des 14 biographies de l'imprimé dont il est question à la page 120, ayant soin, par prudence, de masquer de mon mieux le personnage qui en est le sujet.

PRÉAMBULE.

« Peuple,

« Tu respires maintenant; la hache des assassins n'est plus suspendue sur ta tête; tu ne flottes plus entre une vie péniblement incertaine et l'idée déchirante d'une mort douloureuse et cruelle. La pierre des sépulcres n'est encore soulevée que pour recevoir les grands coupables et leurs subalternes; ces agents lâches et féroces de Robespierre sont partout enchaînés par une surveillance active et sévère; partout ils sont frappés d'épouvante et d'inertie; une doctrine sage et tolérante fait place à leur doctrine perverse et hérétique. Ta religion avilie par eux, tes ministres en fuite, tes autels brisés, les objets de ta vénération profanés, dispersées et foulés aux pieds, en te conformant à la loi, deviendront encore les mobiles de ta morale et les règles de ta conduite. Que la leur soit à jamais abhorrée ; incapables de remords, mais poursuivis par l'opinion publique, ils s'agitent pour te tromper de nouveau et te précipiter dans l'abîme qu'ils t'avaient creusé. Leurs noms burinés par la main de l'impartialité doivent passer couverts d'opprobres et d'infamie à la postérité la plus reculée. Peuple, si la justice nationale les épargne, défie-toi d'eux et les environne de ton mépris et de toute ton indignation. Qu'ils végètent parmi toi comme de vils insectes. Ils t'ont tourmenté en tout sens ; il n'est pas un citoyen probe qui n'en ait été cruellement persécuté. Jetés dans des bastilles élevées partout par la plus affreuse tyrannie, retranché du reste des humains, abreuvé d'amertume et de fiel, en proie à la plus détestable calomnie, ce n'est qu'au renversement de la faction sanguinaire qu'ils ont dû leur salut, et toi la fin de ton oppression.

En faisant l'historique de ces hommes qui sont les fléaux de la société et pour qui le sang est un besoin, je n'ai d'autres vues que de te prémunir contre leurs séductions et leurs perfidies. Semblables à un serpent dont on a divisé les parties, son venin n'en est pas moins dangereux. Je ne me servirai pour les peindre ni des crayons de la malignité, ni d'un langage exagéré et hypocrite. Leurs actions sont là, elles parlent, et ces

témoins vivants et irrécusables de leurs forfaits écarte-
ront loin de moi toute idée de vengeance et de passion.

13e *Biographie.* — D... d'....

Tu as failli m'échapper, D...; cependant tu mérites
bien que je fasse mention honorable de ta personne, digne de faire le pendant des plus fameux buveurs de sang.
Je ne donnerai rien au hasard ; né avec un cœur vraiment sauvage, tu n'as parcouru, pendant le cours de ta
vie, que le cercle des vices. Te rappelles-tu l'immortel
Hébert, ancien substitut de la Commune de Paris ? tu es
son fidèle prosélyte, et le successeur de ses méfaits. Aussi
faux, aussi dangereux, quoique sans esprit, tu es aussi
despote, aussi tyrannique, et aussi sanguinaire que lui.
On voit sur ta figure sombre et taciturne, et dans tes
yeux en dessous, toute l'empreinte de ton âme noire
et scélérate. Avant la chute du terrorisme, de combien de forfaits, toi et ton gueux de fils, ne vous êtes-
vous pas souillés ! Avides de carnage et de sang, n'avez-
vous pas stipendié de féroces satellites armés, pour
faire égorger deux femmes sans défense ! N'ayant pu
y réussir, n'avez-vous pas, ici par des promesses et
des offres d'argent, là en menaçant de faire périr
ceux qui, par des déclarations fausses, ne mettraient
pas sous le glaive de la loi les déplorables victimes de
votre rage ? N'est-ce pas ce rejeton de ta brillante
souche, ton fils, qui, toujours à ton instar, parce qu'il
est trop bête pour agir par lui-même, a, par un bri-
gandage inouï, et accompagné de ses suppôts, entré

de vive force, comme un voleur, dans des maisons honnêtes de ta commune, et y a pris les armes qui s'y sont trouvées ? N'est-ce pas lui qui, armé d'un fusil, a manqué d'assassiner un domestique, au lieu d'un jeune citoyen aimable qu'il attendait dans un bois ? N'est-ce pas lui qui a mis au prix de 12 livres la tête d'un brave homme, dont la réputation n'a jamais été obscurcie par aucun nuage ? N'est-ce pas toi qui as fatigué ta municipalité de dénonciations calomnieuses contre plusieurs de tes voisins, parce qu'ils ne voulaient pas courber leurs têtes dociles sous le joug de fer que tu voulais leur imposer ? N'est-ce pas toi et ton égorgeur de fils, qui, abusant de sa place de maire, qu'il n'avait obtenue que par tes subtilités et tes intrigues, avez érigé en principes dans vos campagnes la fureur et le massacre ? N'est-ce pas ton harpie de fille, gueuse, aussi volubiliteuse que méchante, qui, exacte observatrice de tes commandements, a été de porte en porte chez tes concitoyens, pour les soulever contre tous ceux que tu destinais à tes vengeances ? Dominateur d'autant plus dangereux que tu te couvrais du masque de l'intérêt public et que tu joins à une vindication sans exemple, les menées sourdes d'un lâche, n'est-ce pas toi qui régnais tour à tour par la terreur et la séduction sur toutes les volontés ? N'est-ce pas toi et ton fils qui avez fait tous vos efforts pour compromettre, par la dénonciation alors très périlleuse d'aristocrates, vos parents, que sans honte et sans pudeur vous dénigriez hautement, ainsi que les honnêtes gens que votre jalousie, votre haine et votre cruauté poursuivaient à outrance ? N'est-ce pas toi qui, *lors de la levée en masse*, dénonças par lettre au directoire du district de C.... un citoyen que distinguent son *zèle,* sa probité et l'attachement le plus vrai à la chose publique ? Tu prétendais , dans cette pièce infernale, que je ne me rappelle jamais sans frémir d'indignation, qu'il s'était opposé, dans le canton de Saint-G ... , à l'emblavaison des terres. L'enfer a-t-il jamais vomi un pareil blasphème ! Bourreau *de tes semblables,* tyran implacable de l'humanité, tu ne voulais que du sang, et c'était *le plus pur* que tu cherchais répandre. N'est-ce pas encore toi qui, mettant de côté tous les sentiments de la reconnaissance et brisant les liens de la parenté, as verbalement et par lettre dénoncé à toutes les autorités constituées un septuagénaire infirme, vertueux et de mœurs douces et charitables, comme un rebelle à la loi et un corrupteur de l'opinion publique ? Vil délateur, tu voulais faire périr ce malheureux vieillard sous le couteau assassin, et c'était là le prix que tu réservais au citoyen généreux qui avait donné tous ses soins à l'éducation de ton fils, dont il s'est efforcé en vain de faire un honnête homme. N'est-ce pas toi qui, ministre de l'impiété, as renversé de tes mains sacrilèges et traîné dans la boue tous les signes d'une religion que tu déshonorais, et qui faisais éprouver ta rage et ta colère à tous ceux qui voulaient demeurer fidèles à ses maximes

et à ses préceptes ? Enfin, n'est-ce pas toi, désorgani-
sateur de tout ordre, boute-feu de l'insurrection, qui,
au moment où j'écris, et pour détruire la confiance
si nécessaire entre le peuple et ses magistrats, dis
ouvertement que tout est f... parce que les administrations ne sont plus composées que d'aristocrates ?
et tu es membre de la municipalité d'... ! O mes
amis, chassez cet apôtre de Robespierre ; il vous
pervertirait. Que la crainte ne vous arrête plus ;
comme un loup furibond, il s'est fourré parmi vous ;
repoussez-le, si vous ne voulez pas que sa dent meur-
trière vous fasse une profonde blessure. Par une triste
expérience, lui et son scélérat de fils sont connus,
et leurs forfaits ne seront jamais oubliés. Tracés en
caractère indélébile, ils passeront à nos derniers
neveux avec la juste horreur que leurs épouvantables
noms inspireront toujours aux âmes sensibles et
humaines. »

CONCLUSION.

« Peuple,

« J'ai rempli mon devoir, j'ai acquitté une dette de
ma conscience et de mon patriotisme, en te dévoilant
les crimes de tes mortels ennemis. Quand tu liras ce
recueil, songe qu'il fut dicté par les motifs puis-
sants de ta sûreté et de ton intérêt ; avec ce tableau
constamment sous tes yeux , tu seras toujours
en garde contre les tyrans qui ont cherché dans l'a-
bîme de ta perte le triomphe de leur scélératesse. Tu
fuiras pour jamais leur souffle empoisonné, tu les

éloigneras de ta confiance , comme on éloigne un animal carnivore de la bergerie ; tu éviteras, s'il est possible , de respirer le même air qu'ils respirent ; il est contagieux et mortel. Si tu compares ta position actuelle avec celle passée , cette vérité arrivera rapidement à ton cœur par tous les pores. Alors ta tranquillité, ta vie, celle de tous ceux qui te sont chers, et tes propriétés, étaient précaires et incertaines entre les mains rapaces, et sanglantes des cannibales qui se les disputaient. A présent tu jouis paisiblement des dons de la nature, sous l'égide des lois sages et protectrices. Je n'ai plus qu'un mot à te dire : sois impassible et calme , ferme l'oreille aux cris séditieux de la malveillance qui tâche de t'égarer , en t'inspirant des alarmes sur les subsistances, de te plonger dans l'anarchie ; de là à la guerre civile il n'y a qu'un pas. Vois les maux incalculables qu'elle a causés à Lyon , Marseille, Toulon et dans la Vendée ; vois la terre de ces malheureux pays, jadis si fertiles et si heureux, dépopulés aujourd'hui , et ne présentant d'autre perspective à l'œil étonné du voyageur que le silence de la mort. Partout des corps déchirés, des membres épars devenus la proie des bêtes carnassières ; partout des gouffres , où sont engloutis des milliers de tes frères assassinés par le fanatisme, et dont les vapeurs cadavéreuses détruisent la salubrité de l'air; partout enfin des traces de sang qui vont jusqu'au milieu des fontaines et des rivières troubler la limpidité de leur eau, et affecter douloureusement les regards de l'homme sensible et humain. Que cette peinture vraie mais navrante te fasse impression, qu'elle rende impuissantes les tentatives de tes oppresseurs, de tes tyrans. Sous un gouvernement éclairé et démocratique, les déchirements et les convulsions doivent bientôt cesser et l'abondance renaître. La liberté et l'égalité ne seront plus de vains mots, ou le prétexte à la plus insigne persécution. Maître de ta pensée et de tes opinions, tu suivras sans trouble et sans danger la religion de tes pères; déjà les doux liens de l'union nous resserrent fraternellement, et dans peu le bonheur va luire sur nos contrées. Avec la paix de la Vendée, tu verras, j'ose le croire, une pacification générale qui rouvrira les canaux de la prospérité publique obstrués, engorgés depuis longtemps par des torrents de sang et des montagnes de cadavres. C'est alors, bon peuple, que les arts, les sciences, le commerce et l'agriculture reprendront leur ancienne splendeur, que la libre navigation des mers rendra de nouveau l'hémisphère lointain ton tributaire, et cette époque, en mettant fin à tes calamités, sera celle où les coupables espérances des terroristes, des égorgeurs, s'enseveliront pour jamais avec eux dans la boue du mépris. »

Le tout se termine par une chanson en 10 couplets, sur l'air *Cantons la carmagnole* (sic), et où l'auteur célèbre la république *conservatrice* du temps, enfin revenue, et qu'il croit alors impérissable. Encore un *illusionné!...*

CHAPITRE IV.

LE SCHISMATIQUE.

Toutes les fois que le nom d'Armand Sabourin tombait de mes lèvres devant son oncle, François Sabourin, une larme mouillait ses yeux, et ces paroles en soupirant s'échappaient de son cœur : « Oh ! pauvre enfant ! Si jeune encore, si bon, si généreux, et tant de génie !... » Une autre nom lui faisait plus de mal que le nom de son neveu, et pourquoi le tairai-je ? Ce fut le nom d'un frère , d'un frère prêtre et d'un prêtre schismatique !... J'ai entre les mains, sur le serment *constitutionnel* de cette époque, des documents intimes d'où l'on peut tirer les conclusions suivantes : Ah ! sans doute l'Église de France eut alors à pleurer des défections bien scandaleuses ; et, pour ces indignes, la conduite infâme qu'ils ont menée depuis a bien mis à nu le fond de leur cœur ; mais aussi que d'ignorants sur la question !... que de trompés !... Le roi lui-même s'y laissa prendre au milieu de toutes ses hésitations et de toutes ses faiblesses... Il faut voir les consultations de ces pauvres prêtres, pour juger combien leur conscience était alors dans la perplexité ; il faut entendre leurs nombreuses rétractations, pour savoir jusqu'à quel point leur bonne *foi avait été surprise ; il faut lire aussi les* réponses de François Sabourin, afin de connaître ses sentiments sur la matière en litige, ses lumières théologiques et sa courageuse détermination.

Son neveu, Armand Sabourin, avait écrit et fait imprimer un mémoire pour défendre la légitimité du serment *constitutionnel*. Ce fut l'occasion et l'objet des deux lettres suivantes, l'une contre et l'autre pour la légitimité du serment. Je les citerai tout entières, parce que, plus que tout autre document, elles feront connaître l'état des esprits dans le clergé de France, à une époque si critique de son histoire. Voici d'abord celle de François Sabourin contre la légitimité du serment *constitutionnel*; elle s'adresse à un prêtre dont il avait été le vicaire :

« Mon très honoré Pasteur,

« Rentrant chez moi à midi, j'apprends qu'on y est venu acheter pour vous une espèce de consultation sur le fameux serment ecclésiastique, publiée par un jeune homme qui m'appartient de près et loge chez moi. Votre curiosité m'a porté à croire que cette *saillie d'écolier* a déjà franchi les bornes que son mérite lui assignait.

« Je suis bien éloigné de supposer que la lecture de cet imprimé soit capable de déterminer votre jugement sur le point de doctrine dont il s'agit, au grand tourment de certains esprits. L'objet de cette épître n'est autre que de prévenir le soupçon que vous pourrriez former sur ma façon de penser, en voyant cette production d'un jeune homme qui semble devoir être soumis à ma surveillance. Vous savez combien le don de la liberté d'écrire, de parler, d'imprimer, don qui semble n'être accordé qu'à la présomption, fait mettre au jour de pensées indigestes, de jugements inconséquents. L'écrit que vous vous êtes procuré vous en est une nouvelle preuve ; vous y verrez que son jeune auteur, ami (*toutefois encore excusable*) (1) de la nouveauté, met sa gloire à la propager n'importe à quel prix, en sollicitant les ecclésiastiques à proférer le *fatal* jurement. Séduit par la découverte subite des conditions sous-entendues de droit dans tout serment, il s'est efforcé de les appliquer au serment, *actu pratique*, des prêtres fonctionnaires publics. La précipitation de son zèle ne lui a pas permis de voir que les conditions tacites de tout serment promissoire ne doivent porter que sur des difficultés d'un avenir contingent, qui ne soit que possible, mais qui avenant seraient une cause légitime de dispense ou même une cause prohibitive de l'exécution du serment ; au lieu que, dans le cas présent, les causes prohibitives, qui, si elles n'étaient

(1) Armand Sabourin avait eu la délicatesse de prémunir son lecteur contre son âge, par cette note imprimée au commencement de son mémoire :

« Je mets mon nom à la tête de cet écrit, non par vanité, il n'est pas fait pour la satisfaire, mais par précaution : à mon âge on n'aperçoit pas tout, et ce qu'on aperçoit, on le voit souvent mal. C'est donc pour ne pas abandonner cet ouvrage au risque de ses *erreurs*, s'il en contient quelques-unes, que je me suis nommé, et pour me mettre à même d'en arrêter ou d'en corriger les dangereux effets, dès qu'on me les aura fait connaître. »

que possibles et imprévues, ne rendraient pas le serment injuste ou téméraire, sont positivement le sujet ou partie du sujet du serment requis bien distinctement connu et proposé comme nécessaire. Or jurer une chose que l'on croit injuste en tout ou en partie, c'est jurer injustement ; et il n'y a point à dire que la restriction : *de tout mon pouvoir*, sauve la justice, parce que cette expression ne restreint que le mode ou le degré d'activité, et non pas la chose. La chose jurée par les ecclésiastiques, c'est le maintien de la Constitution. La Constitution contient diverses parties bien distinctes, bien expresses ; donc avoir juré de maintenir la Constitution, avec connaissance des diverses parties, c'est avoir juré de maintenir chacune de ses parties : si donc une seule de ses parties est injuste ou seulement regardée comme telle, on a juré *injustement* ; si la bonté de la chose est incertaine, on a juré *témérairement* ; et d'autant plus témérairement que la chose doit être pratiquée aussitôt que promise et avant que le bien ou le mal puisse en être vérifié : de sorte que le serment dans le sens proposé par *l'écolier de droit* revient à celui-ci : pour le prêtre qui voit du mal dans la Constitution civile du clergé : « Je jure de maintenir de tout mon pouvoir ou de tout mon droit telle hérésie ou schisme, s'il est dans mon pouvoir ou si j'ai le droit d'être hérétique ou schismatique »; et pour le prêtre incertain de la légitimité de cette constitution, le serment revient à celui-ci : « Je jure d'observer cette constitution, parce que je ne suis pas as_ suré qu'elle soit légitime ». Remarquez qu'on ne peut attendre cette assurance pour agir, puisque la pratique de la constitution est déclarée établie. Or je demande s'il y a de la vérité, de la justice, de la discrétion dans des jurements de cette espèce, et si ce n'est pas se jouer de la divinité que de la rendre caution d'une promesse à l'accomplissement de laquelle il y a des obstacles certains, ou que l'on veut accomplir avant d'en connaître la légitimité.

« Je conclus donc : 1o que les ecclésiastiques qui ont fait le serment, ne l'ont pu qu'avec l'entière conviction que la nouvelle constitution du clergé de France ne blesse en rien la police fondamentale de l'Église, et non pas sous le prétexte des conditions tacites de tout serment promissoire, ou de celle qui est énoncée dans la formule du decret ;

« 2° Que ceux qui l'ont fait sans cette conviction sont coupables de parjure, parce que la seule incertitude donne ce caractère au jurement ;

« 3° Je conclus en dernier lieu, d'après maintes raisons qui ne peuvent vous être échappées, et que je vous déduirais si le temps me le permettait, qu'il n'y a de sûreté *qu'à ne pas jurer.*

« Permettez que je vous recommande de prévenir, suivant l'occasion, l'influence que pourrait avoir l'ouvrage que *je blâme,* sur les dispositions de quelques-uns des nôtres, si toutefois vous trouvez digne de quelque confiance le sentiment de votre ancien vicaire, qui ne cesse d'être, avec un respectueux

3*

attachement, votre très humble et dévoué confrère.

« F. SABOURIN. »

Voici maintenant la réponse à cette lettre, qui n'est
point la réponse d'un converti :

« Monsieur et cher confrère,

« La lettre que vous m'avez écrite, et que j'ai relue
dimanche dernier, semble annoncer en vous l'intention de me détourner de faire le serment exigé par
l'Assemblée nationale, et ordonné à tous les fonc-
tionnaires publics. Vous êtes sans doute du nombre
de ceux qui jugent le serment illicite, et en ce cas-là
je vous remercie de la peine que vous vous êtes donnée
de m'écrire ; c'est de votre part un acte de charité qui
excite ma reconnaissance. Il semble aussi que vous
ayez cru que j'avais fait acheter un des exemplaires
relatifs audit serment, et qui se vendent chez vous,
comme comptant y trouver des motifs de détermination.
Point du tout. L'auteur de l'ouvrage s'est acquis la réputation d'*homme d'esprit*, et je crois que c'est à juste
titre qu'on lui donne cette qualité honorable. J'étais
curieux de voir son livre, comme je vois tous les autres
de ce genre, pour ou contre le serment, et voilà tout.

« Il y a longtemps que j'ai étudié les leçons que vous
me donnez ; je ne les ai cependant pas oubliées. Les
conditions du serment, pour le rendre licite, me sont
encore présentes ; ainsi soyez tranquille ; *j'ai fait le*

serment, et ma prestation est bien conforme aux avis que vous avez bien voulu me donner.

« Je n'ai conseillé à personne de faire le serment ; je n'ai pris conseil de personne pour le faire. Je n'ai point quêté de partisans, pour grossir mon parti ; je n'ai rien fait qui puisse affaiblir les parti contraire. J'ai cru devoir laisser les autres dans la position où je m'étais mis. J'ai commencé par étudier sérieusement la constitution civile du clergé : je l'ai méditée mûrement ; je l'ai ensuite rapprochée, comparée, combinée avec les vérités de notre sainte religion ; mon seument avec les principaux articles, mais encore avec bien d'autres qu'on *prétend dogmatiques,* comme *la suprématie de juridiction du Pape, l'étendue du pouvoir civil sur les limites des diocèses, etc.* ; et d'après le rapprochement, les comparaisons et combinaisons bien et très sérieusement réfléchies, toute prévention et motifs humains mis à l'écart, je n'ai absolument trouvé dans la constitution civile du clergé rien d'opposé à notre religion, et, comme dans ce cas, la religion même nous oblige en conscience d'obéir aux lois politiques, j'ai prêté le serment ordonné par le décret du 27 novembre 1790 .

« Je suis avec un sincère et respectueux attachement, mon cher confrère, votre très humble et très obéissant serviteur.

« 2 février 1791.

« FLEURANT, curé de Quinçay. »

Joseph Sabourin, frère de François Sabourin, était de ce parti sacerdotal que les principes du gallicanisme entaché de jansénisme avaient beaucoup trop attaché à l'État (on l'a vu par cette dernière lettre), sans s'inquiéter assez si, dans ses injonctions, il pouvait être hérétique ou schismatique (1). *Evêque de l'extérieur*, l'État laïque s'était trop souvent introduit à *l'intérieur* ; et surtout dans le cas présent, la constitution civile du clergé, où il avait osé s'y substituer complètement à l'autorité spirituelle de l'Eglise en matière de discipline même générale, et où il y avait usurpé tous ses droits.

Les décrets de l'Assemblée nationale sur la constitution civile du clergé furent acceptés, sanctionnés et promulgués par le roi le 24 août 1790. Déjà, le 18 août 1789, Monseigneur l'évêque de Poitiers avait envoyé à son vicaire général, l'abbé de Cressac, pour être communiqué au clergé du diocèse, un extrait du procès-verbal de l'Assemblée nationale, concernant le nouveau traitement du clergé. Il y est dit aussi, article 16, « qu'en mémoire des grandes et importantes délibérations qui viennent d'être prises pour le bonheur de la France, une médaille sera frappée, et qu'il sera chanté, en action de grâces, un *Te Deum*

(1) Voir son discours sur le serment, avant de le prêter ; il y paraît convaincu, et sait y donner au faux toute l'apparence de la vérité, en tirant du gallicanisme une fois admis ses conséquences les plus extrêmes ; c'est-à-dire qu'étant gallican, Joseph Sabourin vous prouve que vous devez être *constitutionnel*. A ce point de vue son discours offre un certain intérêt.

dans toutes les paroisses et églises du royaume » ; et articles 17 et 18, que « l'Assemblée nationale proclame solennellement le roi Louis XVI *restaurateur de la liberté française* , et qu'elle se rendra en corps auprès du roi, pour présenter à *Sa Majesté* l'arrêté qu'elle vient de prendre, lui porter l'hommage de sa plus respectueuse reconnaissance, et la supplier de permettre que le *Te Deum* soit chanté dans sa chapelle, et d'y assister elle-même ».

Le 27 novembre 1790, l'Assemblée décréta que tous les évêques et curés qui n'auraient pas prêté, sous huit jours, le serment de fidélité à la constitution civile du clergé seraient censés avoir renoncé à leurs fonctions ; le 4 janvier 1791 avait été fixé aux ecclésiastiques de l'Assemblée pour la prestation du serment de *défection* et de *schisme*. Ce jour-là, on fait l'appel nominal ; à l'appel de son nom, Monseigneur de Saint-Aulaire, notre évêque, monte à la tribune et il dit : « J'ai soixante-dix ans, j'en ai passé trente-trois dans l'épiscopat ; je ne souillerai pas mes cheveux blancs pour le serment exigé dans vos décrets ; je ne jurerai pas ». Tous les évêques de l'Assemblée suivirent ce noble exemple ; et sur les 300 ecclésiastiques qu'elle comptait, il n'y en eut que 70 qui firent défection. Dans toute la France, 4 évêques seulement sur 175 , et parmi les curés et vicaires, 10,000 sur 60,000 s'enrôlèrent sous les étendards du schisme. De sorte que la presque totalité de l'Episcopat français et la très grande majorité du clergé séculier se montrèrent fidèles au jour de l'épreuve.

Hélas ! il n'en fut pas ainsi dans notre bonne ville de Poitiers, où 12 de ses 24 curés prêtèrent le serment schismatique, et tinrent même à en informer l'Assemblée nationale, par la lettre que je vais citer. Quand les Spartiates voulaient guérir leurs enfants du vice de l'ivrognerie, vous connaissez le remède dont ils faisaient usage : eh bien ! quelque pénible que soit pour nous cette citation, je pense qu'elle aura son utilité :

« Nosseigneurs (1),

.... « Déplorant avec les larmes de la charité l'erreur de quelques-uns de leurs confrères et de quelques autres ecclésiastiques, accusés d'avoir rompu l'*unité* de la foi nationale, les soussignés renouvellent entre les mains de l'auguste Assemblée ce serment bien cher à leur cœur, d'être toujours fidèles à la nation, à la loi et au roi ; ce serment qu'ils ont fait librement, qu'ils brûlaient de prêter pour le maintien de la *constitution* ; ce serment qu'ils ont fait librement et avec allégresse ; ce serment enfin qu'ils soutiendront par devoir et par justice, pour rappeler, selon leurs désirs, au vrai patriotisme tous ceux qui seraient trop lents à rendre hommage aux admirables opérations de ces pères de la nouvelle France, de ces législateurs célèbres, dont les noms se liront à jamais dans les fastes de l'immortelle liberté... Juin, 1790. »

(1) Les membres de l'Assemblée nationale.

Suivent les signatures (1), parmi lesquelles ne se trouve pas et ne pouvait pas se trouver celle de François Sabourin, curé de Montierneuf.

Etonnée du refus de la presque totalité du clergé français à prêter le serment constitutionnel, l'Assemblée nationale sent le besoin de s'expliquer, ou plutôt de se disculper. Elle rédige une instruction sur la constitution civile du clergé, assez adroitement écrite, et avec une apparence de bonne foi et de modération capable d'en imposer aux simples et même à d'autres... Il y est dit, entre autres choses, que « les représentans des Français, fortement attachés à la religion de leurs pères, à l'Eglise catholique dont le Pape est le chef visible sur la terre, ont placé au premier rang des dépenses de l'État, celles de ses ministres et de son culte ; ils ont respecté ses dogmes, ils ont assuré la pérpétuité de son enseignement. Convaincus que la doctrine et la foi catholique avaient leur fondement dans une autorité supérieure à celle des hommes, ils savaient qu'il n'était pas en leur pouvoir d'y porter la main, ni d'attenter à cette autorité toute spirituelle ; ils savaient que Dieu même l'avait éta-

(1) Debelhoir, curé de Saint-Didier. — Demarconnay, curé de Saint-Porchaire, officier municipal. — Cholois, curé de la Chandelière. — Debelhoire, curé de Saint-Etienne. — Guilleminet, curé de Notre-Dame-l'Ancienne. — Malteste, curé de Saint-Germain. — Sabourin, curé de Saint-Cybard. — Thibault, curé de Saint-Pierre-l'Hospitalier. — Monrousseau, curé de Notre-Dame-la-Grande (il s'est rétracté presque aussitôt). — Vervoort, curé de Saint-Hilaire-de-la-Celle. — Dupuy, curé de Saint-Savin, notable. — Delaunay, curé de la Résurrection.

blie, et qu'il l'avait confiée aux pasteurs pour conduire les âmes, leur procurer les secours que la religion assure aux hommes, perpétuer la chaîne de ses ministres, éclairer et diriger les consciences ».

Cette instruction décrétée le 21 janvier 1791, et promulguée par le roi le 26, devait être lue un jour de dimanche, à l'issue de la messe paroissiale, par le curé ou un vicaire, et, à leur défaut, par le *maire* ou le *premier officier municipal*.

Enfin la constitution civile du clergé de France est condamnée par un Bref du pape Pie VI, du 13 avril 1791. Presque aussitôt (3 juin), Monseigneur de Saint-Aulaire l'envoie de Paris en latin, et en français au clergé et aux fidèles de son diocèse, suivi d'une ordonnance où, après avoir dit que « Pierre a parlé par la voix de son digne successeur », il ajoute : « Nous déclarons accepter avec respect et soumission le jugement émané de l'autorité du Saint-Siège, le 13 avril de la présente année 1791, et notamment les dispositions qui condamnent le serment exigé des ecclésiastiques français, et celles qui, relatives aux évêchés et aux cures, prononcent dans l'ordre de la religion la nullité des nouvelles érections, nominations et confirmations, et de tous les actes de juridiction faits en conséquence par des pasteurs intrus et sans pouvoir... Et sera la présente ordonnance envoyée à toutes les églises paroissiales et toutes les communautés ecclésiastiques, séculières et régulières, de notre diocèse..... Nous attendons de l'esprit sacerdotal qui anime nos vénérables coopérateurs dans l'exercice du saint ministère, qu'ils agiront avec autant de circonspection et de prudence que de zèle et de charité pour faire connaître à leurs paroissiens le jugement du Père commun des fidèles, en assurer l'effet sur les consciences et concourir ainsi à la paix de l'Église et au rétablissement de ses lois ».

Cependant l'exil, la déportation ou la mort sur les échafauds des légitimes pasteurs, leurs protestations même, et spécialement celle de notre évêque Monseigneur de Saint-Aulaire (1), au lieu d'éclairer les *constitutionnels*, parurent au contraire leur donner comme un droit, et les envelopper d'un certain vernis de zèle et d'amour du bien public. « L'Église de France est veuve, s'écriaient-ils de concert ; elle est privée ou abandonnée de ses chefs; donnons-lui donc des chefs ; et qu'après tout, le salut du peuple soit notre loi suprême. » De là des correspondances manuscrites où les *constitutionnels* se communiquent leurs opinions intimes : nous en avons un grand nombre entre les mains ; de là des circulaires imprimées, pour les élections épiscopales, où l'on rencontre, à côté de raisons en apparence plus ou moins plausibles, et quelquefois même à côté de véritables convictions, des citations de saints Pères, des canons de conciles, des textes d'Écriture sainte, étonnés de se trouver sur de

(1) Par sa lettre datée de Paris, le 15 février 1791, et adressée aux électeurs du département de la Vienne, convoqués pour la nomination d'un évêque.

pareilles pages ; de là des *Presbytères* ou réunions ecclésiastiques, conseillées par le fameux (1) Grégoire, évêque constitutionnel de Blois et métropolitain *du centre* pour l'élection des évêques, ou pour remplacer les anciens Chapitres de cathédrales, *Sede vacante :* presbytères convoqués solennellement pour aviser aux dangers présents de l'Eglise de France ; commencés sous l'invocation des trois adorables personnes de la très sainte Trinité, et tenus « en l'union du Saint-Siège apostolique, et la soumission du jugement de l'Eglise à intervenir dans les disputes présentes ». C'est le préambule de l'arrêté du presbytère provisoire du diocèse de la Vienne, qui s'est formé à Basses, près Loudun, pour concourir à l'élection d'un nouvel évêque (1798). Il se terminait ainsi : « Nous soussignés, prêtres, pasteurs, desservants, ministres du culte catholique, assemblés dans l'église de Basses, canton de Loudun ; le saint nom de Dieu invoqué par le *Veni Creator* et la messe du Saint-Esprit, en l'union du Saint-Siège apostolique, attachés à la foi de l'Eglise, et soumis au jugement qui pourra intervenir de sa part sur les disputes actuelles (de bonne foi ou non, ils croyaient apocryphe le Bref du pape Pie VI, dont nous avons parlé) ; n'ayant d'autre

----

(1) « Lettre pastorale du citoyen Grégoire, évêque de Blois, exerçant provisoirement les fonctions de métropolitain dans les diocèses de Bourges, Guéret et Moulins, sur la réorganisation du culte dans ces diocèses.

« Henri Grégoire, par la miséricorde divine, dans la communion du Saint-Siège apostolique, évêque de Blois.... »

devise que celle de souffrir, mourir, et périr pour nos persécuteurs, nous sommes constitués en *pres-bytère*, aux fins de faire l'élection d'un nouvel évêque. Confessant notre faiblesse, notre peu de lumières et de moyens pour conduire un aussi vaste diocèse, nous nous sommes seulement proposé, en établissant ce *presbytère*, de procurer une nomination *légale*.

« Fait à Basses, les jour, mois et an que dessus, sous la présidence du plus ancien d'âge et du plus jeune pour secrétaire. A été ainsi voulu et signé au registre, qui restera entre nos mains, sauf les droits des absents, et ayant contre-signé à l'original : Lecouteux, curé de Verrières. Grandier, curé de Ceaux. Chesneau, curé de Bournand. Frustrau, curé de Roiffé. Cartier, curé de Chavigné. Dussault, prêtre de Loudun. L'Épinay, curé de Basses, président. »

Cette présidence lui valut probablement *l'honneur* d'être nommé député au concile prétendu national qui devait se réunir à Paris en 1797. « Nos suffrages, écrit à son sujet Joseph Sabourin dans une adresse aux *vénérables* Pères du concile, nos suffrages se sont heureusement réunis sur la personne du citoyen L'Épinay, pasteur non moins recommandable par les vertus morales et civiles qui l'ont toujours distingué, que par *la blancheur de sa cheve-lure* qui atteste ses vieux ans (1)... Nous vous

(1) Canus capillis, canus et prudentiâ. (S. Grégoire de Naz.)
(*Note de l'auteur.*)

conjurons donc, vénérables Pères, et vous supplions par les entrailles de la miséricorde de notre Dieu, et par l'affection chrétienne qui nous lie à vous, de le reconnaître, recevoir et associer en cette qualité à vos pieux travaux... Avec quelle ferveur la reconnaissance de ce bienfait ne nous portera-t-elle pas aux pieds des autels pour supplier le Père des lumières, l'auteur de tout don parfait !... Que la grâce de Notre-Seigneur Jésus-Christ, l'amour de Dieu et la communication du Saint-Esprit, soit toujours avec vous tous. Amen ! (1) (II Cor. c. v. xiii.) »

Joseph Sabourin partagea avec Lecesve et Montault les tristes honneurs de l'église *constitutionnelle* de Poitiers. Son vrai talent et sa réputation de prédicateur pouvaient, à défaut d'autre titre, lui donner quelques droits à cette position. Il fut l'un des vicaires épiscopaux, et, comme tel, chargé spécialement de desservir la prétendue paroisse de la cathédrale. Mais qu'ils les ont payés cher, ces honneurs !... ne serait-ce que l'infamie de vivre, pour parodier notre culte, sous la permission journalière des bourreaux de la France !

(1) Le curé de Basses écrivait à Joseph Sabourin, le 27 juin 1797 : « Souffrons, cher confrère, avec patience cette seconde persécution, à laquelle nous livre ce silence obstiné (l'évêque Montault qui depuis deux ans ne donnait plus signe de vie); mais ayons des représentants quelconques à cette auguste assemblée (le futur concile national), qui va renouveler celles de la célèbre Église d'Afrique et de tant d'autres ; car de tout temps, dès la première antiquité, il a été permis à une Église de pourvoir à ses besoins particuliers. Prions le Seigneur qu'il y suscite de nouveaux Cyprien et un autre Augustin... Signé, Lépinay. »

Joseph Sabourin reçut *ces pouvoirs* de Lecesve par des lettres dont voici l'en-tête : « 14 avril 1791. — Nous, Lecesve, par la miséricorde divine et par le choix du peuple, évêque du département de la Vienne, dont le siège est à Poitiers... » Cependant Joseph Sabourin se considère toujours comme *curé* de Saint-Cybard ; il signe avec ce titre, et il a raison : il l'était encore dans les limites qu'avait cette paroisse avant qu'un arrêté du district de Poitiers, et sans aucun droit (20 nov. 1790), n'eût réglé une circonscription nouvelle des paroisses de Poitiers, et de sa seule autorité laïque, n'eût érigé la cathédrale en paroisse. Il distingue donc entre son titre de *curé* de Saint-Cybard qu'il possède encore *légitimement*, et ses fonctions de simple *desservant* de la paroisse de la cathédrale, dont il n'a pas le *titre* ; et il donne pour excuse que le gouvernement ayant employé à des usages profanes l'église de son *titre*, et même l'ayant vendue, où pouvait-il exercer son ministère plus décemment et avec plus de droit que dans l'église-mère, refuge naturel des pasteurs et des brebis sans temple ? Il termine en disant : *semper cathedræ Petri communione consocior*. Tout ceci est au moins spécieux. Déjà Monseigneur de Saint-Aulaire, dans une lettre adressée, le 15 février 1791, aux électeurs du département de la Vienne, avait protesté contre les futures élections. Lecesve, curé intrus de Sainte-Triaise, député à l'Assemblée nationale, est élu quand même ; il est sacré à Paris le 27 mars et meurt presque subitement à Poitiers, le 22 avril, jour du vendredi saint. Au sujet de cette mort, les douze vicaires de la cathédrale, formant le conseil épiscopal du département de la Vienne, à savoir : Guilleminet, 1er vicaire de la cathédrale; Garil, Delaunay, Piché, Henri Belhoire, René Belhoire, Cuir-blanc, Briquet, Montault, Bamard et Sabourin fasant les fonctions de secrétaire, envoient une lettre circulaire à MM. les curés, vicaires et autres ecclésiastiques cons-titutionnels du même département. Dans cette lettre, ils font l'éloge obligé de l'évêque défunt, et lui don-nent des mérites que la vérité ni l'opinion publique n'ont pas ratifiés, et que la postérité ne ratifiera pas non plus, si toutefois Lecesve y arrive.

Pendant *la vacance* du siège, les mêmes vicaires épiscopaux adressent à « MM. les ecclésiastiques *fonc-tionnaires* publics du département de la Vienne une lettre pastorale et instructive », que je ne puis m'em-pêcher de signaler, comme un document très sérieux et très propre à faire connaître le schisme constitu-tionnel. — 3 août 1791. — Ici, disons-le tout de suite, le nœud du schisme est là: à savoir de prétendus droits que les anciens légistes reconnaissaient, dans l'Église de France, au pouvoir temporel ; des privilè-ges que, par vanité nationale, on appela les libertés de l'Église gallicane, que par le fait l'Église avait bien pu lui octroyer, et dont on avait énormément abusé ; en un mot, le *roi* évêque de l'extérieur plus qu'il n'aurait dû l'être, et à la place duquel les *constitutionnels* croyaient pouvoir mettre le nouvel état politique, qui fut d'abord une royauté représentative, et qui devint bientôt une république ; le tout amené et confirmé, tant dans l'Église de France que dans son royaume temporel, par des abus que nécessairement il fallait réformer. Enfin les *constitutionnels* ont fait ce que, sans le grand Bossuet, Louis XIV lui-même a failli faire en 1682 : avec cette différence encore que, dans l'Église gallicane, quelques-uns de ces prétendus droits, ou plutôt de ces privilèges, avaient bien pu être accordés par les Souverains Pontifes aux rois très chrétiens, tandis que les *constitutionnels* voulaient les maintenir et les conserver, en les exagérant, dans un état de choses hostile à la foi et antichrétien.

Citons quelques passages de cette « lettre pastorale et instructive ». Je ne crois pas qu'on puisse mieux trouver ailleurs que là la connaissance à fond du schisme constitutionnel (1). « Il faut considérer, dans l'ordination des ministres de l'Église, deux choses essentiellement différentes : 1° le ministère divin qu'ils ne tiennent que de Jésus-Christ, et qui leur est communiqué par le sacrement de l'ordre ; 2° l'attribution

______

(1) Cette lettre offre au moins un intérêt local ; mais les principes du schisme ont été exposés plus complètement dans une brochure, 1792, portant pour titre : « Accord des vrais principes de l'Église, de la morale et de la raison, sur la constitution civile du clergé de France, par les évêques des départements, membres de l'Assemblée nationale constituante. »

Brochure réfutée victorieusement et d'avance par une autre brochure, 1791, ayant pour titre : « Les principes de la foi sur le gouvernement de l'Église, en opposition à la constitution civile du clergé. »

qui leur est faite d'un territoire, et qui les attache au service d'une partie déterminée de l'Eglise.

« Leur ministère est divin dans sa cause et dans ses effets: ils sont associés au sacerdoce du souverain Pontife, qui est Jésus-Christ, et n'y sont associés que par lui. Les ministres qui leur imposent les mains ne sont que le canal des pouvoirs qu'ils reçoivent, mais ils en sont le canal nécessaire. L'Église ne peut recevoir de ministres que par eux, elle ne peut point s'en donner autrement. Ainsi ce sont les ministres qui y perpétuent le ministère par l'imposition des mains; et comme ils ont de grands devoirs à remplir, ils sont chargés de n'imposer légèrement les mains à personne, pour ne pas se rendre complices des péchés d'autrui. Ce devoir leur donne le droit d'examiner les sujets qu'il s'agit de mettre au rang des ministres de l'Église. L'élection faite par d'autres que par eux n'est donc point en elle-même un titre qui donne à l'élu un droit au sacerdoce; cette élection est soumise à cet égard au jugement de celui qui doit imposer les mains. Ainsi, en ne considérant l'ordination que sous le rapport d'un sacrement qui donne un ministre à l'Église, elle ne dépend essentiellement que des ministres : si l'élection a lieu dans ce cas, elle n'est qu'un témoignage rendu à l'élu, et un des moyens de connaître son mérite.

« Quant au territoire, ce n'est pas l'ordination qui le donne ; le sacrement ne donne que des ministres à l'Église, avec le droit de la gouverner ; mais aucun d'eux ne reçoit, par son ordination, un pouvoir local. Ils sont tous appelés à gouverner toute l'Église : le sacerdoce est un comme elle est une ; c'est un pouvoir solidaire ; c'est une participation du sacerdoce de Jésus-Christ la loi positive, qui divise le territoire entre les prêtres, n'en prive aucun de ses droits sur le tout ; et cette institution ne peut avoir d'autre effet que d'en suspendre l'exercice pour le maintien de l'ordre. C'est une loi de *police* qui n'ôte, ni ne donne aucun pouvoir, mais qui assujettit ceux qui en ont, à un ordre qui doit être respecté. Ainsi, soit que l'Église seule statue sur ce point de discipline, soit que le souverain le fasse avec *ou sans son concours* (1), il n'y a dans cette opération aucune communication des droits attachés au ministère divin, il n'y a qu'un acte de législation, pour lequel il ne faut d'autre pouvoir que le pouvoir législatif, soit qu'on le mette entre les mains de l'Église, soit qu'on le mette entre les mains de l'État. Nous ne voyons pas, d'après cela, *à quoi serviraient les bulles*. Les évêques dans leur ordination reçoivent de Jésus-Christ tout ce qu'ils peuvent recevoir de spirituel ; les bulles sont donc inutiles pour le spirituel. D'une autre part,

---

(1) C'est là surtout qu'est l'erreur en enlevant à l'Église la juridiction que *seule* elle possède, et de droit divin, en matière de discipline ecclésiastique, que, par privilège, l'autorité civile peut exercer *d'accord avec elle*, mais jamais *seule et sans elle*.

Ce sont ces faux principes qui ont inspiré les *Articles organiques* ajoutés au concordat par Napoléon, sans l'intervention du Pape. Ce sont aussi ces faux principes qui ont dirigé plus ou moins, dans leurs rapports avec l'Église, tous les gouvernements qui ont suivi, sans en excepter un seul.

UN CURÉ DE POITIERS.   3**

l'attribution du territoire appartient à la puissance temporelle, *que nous ne reconnaissons pas dans le Pape :* les bulles sont donc entièrement *inutiles*, pour ne rien dire de plus. »

Et plus loin : « Quand l'Assemblée nationale a vu qu'une partie des représentans du clergé s'obstinait sans raison à rejeter ses propositions, elle a usé *de son droit....* Le souverain a *le droit* d'obliger les évêques à prendre un conseil, car il a *le droit* de faire observer les canons dont il est *le protecteur* ; et les canons, surtout ceux de la primitive Église, donnent un conseil à l'évêque.... Venons à présent au serment, dont il n'y aurait rien à dire, si le refus que plusieurs ecclésiastiques ont fait de le prêter n'était fondé sur cette double erreur : 1º de supposer qu'on ne peut s'engager à maintenir ce qu'on approuve ; 2º qu'on ne peut pas s'engager à maintenir de tout son pouvoir ce qu'on désapprouve. Il y a cette différence entre la doctrine révélée et les lois de la discipline ecclésiastique, que la doctrine révélée est nécessairement un objet de foi, qui exige par elle-même une persuasion, et que la loi ne commande par elle-même que l'action, et ne commande pas la persuasion. Quand le législateur établit une loi, il n'a pas pour objet de fixer une opinion, il ne demande que la soumission qui prévient la résistance, et la manutention qui la réprime... Bien plus, quand tous les décrets de la constitution civile du clergé émaneraient de l'Église gallicane, l'obligation de s'y soumettre ne supposerait

point d'adhésion ni d'approbation. Il n'y a qu'une autorité infaillible qui ait droit d'exiger la croyance, et
l'Église n'est infaillible que dans les matières de foi ;
mais l'obéissance aux décrets de discipline est due à
toute autorité légitime. »

Ce document, qu'on peut appeler une déclaration
de principes, se termine ainsi : « Voilà ce que nous
avons cru devoir vous écrire, dans ces moments cri-
tiques où le vaisseau de l'Église est agité d'une tempête
suscitée par *l'ambition et prolongée par les préjugés*.
Nous vous conjurons de ne point oublier que, ministres d'un Dieu de paix, nous avons pour chef sur la
terre le serviteur des serviteurs de Dieu, et plutôt des
fonctions que des droits, des travaux que des honneurs : *ministerium, non dominium* (saint Bernard).
Nos armes ne doivent être que la douceur, l'humilité,
la patience, la sagesse, la charité et l'exemple des vertus
évangéliques : tels sont les vrais ressorts du gouvernement ecclésiastique. Si vous discutez avec les autres
ministres de notre religion sainte les matières qui les
divisent d'opinion avec nous, faites-le comme frères,
et que la paix de Jésus-Christ, plus forte et plus puis-
sante dans votre cœur que ne pourra l'être au dehors
l'ardeur de la dispute, vous préserve tous de tomber
dans un aussi grand mal que le *schisme*. Vengeons-
nous de la haine de nos ennemis par l'amonr que
nous leur porterons. Si l'orgueil a divisé les langues,
parlons le langage de la charité qui les réunit. Prions
le Seigneur avec larmes de ne pas permettre que les

rameaux qui faisaient la gloire de l'olivier mystérieux, et qui sont aujourd'hui dans un état de langueur et de dépérissement, se détachent du tronc qui les nourrit encore. Si vous le permettez, ô mon Dieu, dans votre justice, que ce ne soit que pour faire éclater davantage votre puissance et votre miséricorde en leur rendant la vie.

« Tu, ramos veteres insere denuò,
Tu, serva, Deus, insitos. »
(Santeuil, Hymn. Eph.)

Lecesve eut pour successeur, comme évêque constitutionnel, le prêtre Montault, qui fut sacré dans l'église cathédrale de Poitiers le 23 octobre 1791 ; et six jours après (29), Monseigneur de Saint-Aulaire protesta contre cette intrusion, par une lettre officielle et manuscrite, que probablement il lui avait été impossible de faire imprimer. On lit au commencement d'un extrait manuscrit du Pontifical romain pour la consécration d'un évêque, et qui a servi pour le sacre de l'évêque Montault : « Cette cérémonie, suivant l'article 20 du tit. 2 de la constitution civile du clergé, doit se faire dans l'église cathédrale, par le métropolitain ou, à son défaut, par le plus ancien évêque de l'arondissement de la métropole, assisté des évêques des deux diocèses les plus voisins, un jour de dimanche, pendant la messe paroissiale, en présence du peuple et du clergé. Il est prescrit par l'art. 21 de l'endroit ci-dessus cité, qu'avant la cérémonie de la consécration, le prêtre élu prêtera, en présence des officiers municipaux, du peuple et du clergé, le serment solennel de veiller avec soin sur les fidèles du diocèse qui lui est confié, d'être fidèle à la nation, à la loi et au roi, et de maintenir de tout son pouvoir la constitution décrétée par l'Assemblée nationale et acceptée par le roi. Voilà le seul serment qu'exige la constitution ».

C'est une chose vraiment inexplicable qu'un homme aussi doux, aussi modeste, aussi bon que le prêtre Montault, bon jusqu'à la faiblesse, et ce fut là peut-être son seul crime, mais enfin ce fut un crime, se soit ainsi laissé entraîner dans le schisme et monter jusqu'à son sommet ; et aussi qu'il se soit laissé intro-duire dans les administrations civiles du temps, *district, conseil départemental,* et Dieu sait en quelle compagnie !... Parmi tous les documents que nous avons en main, il en est un sur lequel nous ne pou-vons jeter les yeux sans un pénible serrement de cœur. Quel est ce document ? C'est un arrêté du district de Poitiers faisant à François Sabourin l'appli-cation de la loi de déportation contre les prêtres *réfrac-taires* ou *anti-constitutionnels.* Et pourquoi la vue de ce document nous fait-elle une aussi pénible impres-sion ? Ah ! c'est qu'au bas de cette pièce et au milieu d'autres signatures, et de quelles signatures !... se trouve la signature autographe du prêtre Montault !... Il l'a bien expié... Toutes les fois qu'il venait d'An-gers à Poitiers, d'Angers où il fut nommé plus tard évêque légitime ; où ses vertus trouvèrent leur terrain, le terrain de l'orthodoxie pour s'épanouir ; où il donna

3***

à ses diocésains les exemples d'une grande piété, d'une humilité profonde, que le souvenir de son passé rendait encore plus touchante par l'effusion de ses larmes ; enfin où sa mort a laissé après lui le souvenir d'un saint ; toutes les fois, dis-je, qu'il venait d'Angers à Poitiers, il ne manquait jamais d'aller voir le curé de Montierneuf, pour lui demander un pardon que François Sabourin lui avait déjà donné de bon cœur et depuis longtemps.

Peu de temps après son sacre, il vécut deux ans dans une sorte de retraite, sans remplir aucune de ses fonctions épiscopales, et cependant sans donner officiellement sa démission, malgré les instances de ses coreligionnaires. Pourquoi ? afin probablement de ne pas laisser après lui, dans le diocèse de Poitiers, un autre évêque *constitutionnel*, que par le fait il n'a point eu. « Sa droiture, sa mansuétude lui valurent la haine de la Société populaire, qui demanda sa mise en accusation (1). On l'arrêta à la fin de juin 1793; et dans sa propre chapelle, dans son évêché, transformé en prison pour les *suspects*, on le força de prendre ses repas sur l'autel, en lui refusant une autre table. Pendant cette captivité, il était sans cesse menacé de paraître devant le tribunal révolutionnaire, dont les arrêts de mort étaient rendus et signés par des prêtres apostats. — La mort de Robespierre le sauva (2). »

(1) En même temps que celle d'Armand Sabourin et des quatre autres victimes de la Terreur, dont nous avons déjà parlé.
(2) L'abbé Auber, *Histoire de la cathédrale de Poitiers*.

Cependant la *Convention* s'adoucit un peu ; était-ce politique ou lassitude de sa part ? on ne sait : car si le tigre repu dédaigne une nouvelle proie, est-ce que la férocité de l'homme surexcitée par la haine a pu jamais être rassasiée?... Enfin elle ordonne la réouverture des temples qu'elle avait fermés, même pour les *constitutionnels*. C'est dans ces circonstances qu'un prêtre dont le souvenir nous est cher , puisqu'il a été le premier directeur de notre plus petite enfance, le prêtre Monrousseau, curé de Notre-Dame-la-Grande de Poitiers, ayant fait le serment constitutionnel presqu'aussitôt rétracté ; c'est dans ces circonstances qu'il crut devoir présenter à l'administration du département une pétition par laquelle il expose « que, sollicité par ses concitoyens de reprendre ses fonctions de ministre du culte catholique, pour satisfaire à la loi du 11 prairial, il présente la déclaration suivante, sur laquelle il demande de délibérer : — « Je soussigné, Louis-Charles Monrousseau , prêtre , me propose d'exercer dans l'étendue de cette commune le ministère du culte catholique , apostolique , romain ; pour me conformer à la loi du 11 prairial dernier, déclare que, sous la réserve expresse de tout ce qui peut concerner la foi, la morale, la discipline et la hiérarchie de l'Église catholique, apostolique et romaine, je vis soumis aux lois civiles de la république ; de laquelle déclaration je demande qu'il me soit donné acte. » La chose n'a pu aboutir , parce que, dit un second arrêté du département de la Vienne , « on ne devait pas induire de *ses réserves* que les ministres d'un culte quelconque pussent faire d'actes extérieurs ou prédications y relatives, ou tout autrement, qui fussent contraires aux lois de la république; que le citoyen Monrousseau, présent à la séance, n'a depuis fait aucune démarche pour effectuer la soumission par lui offerte, et n'a point commencé l'exercice de ses fonctions, comme plusieurs citoyens s'y attendaient, le lendemain dimanche (vieux style) ».

C'est aussi vers cette époque que le fameux Grégoire, évêque constitutionnel de Blois et métropolitain *du centre*, cherchait, par ses circulaires, à organiser l'Église constitutionnelle de France ; et même qu'en son nom et au nom de Jean-Baptiste Roger, évêque du diocèse de l'Ain ; Eléonore-Marie Desbois, évêque d'Amiens; Jean-Pierre Saurine, évêque du diocèse des Landes ; Claude-François-Marie Primat, évêque de Cambrai, département du Nord, dans la communion du Saint-Siège Apostolique, il publiait des mandements de carême, dont la lecture, à part quelques passages où le bout de l'oreille du schismatique n'a pu se cacher entièrement, dont la lecture, dis-je, pourrait être faite avec édification. Il y est dit, entre autres choses, « qu'il faut se rappeler ces jours de sang et de deuil où des hommes investis d'un pouvoir sans bornes, se disant philosophes, et déclamant contre l'intolérance, proclamèrent la persécution et déployèrent leur rage contre quiconque était chrétien. Tous les vices mis en honneur, tous les crimes sanctionnés, nos églises pillées et profanées,

les fidèles livrés à l'inquisition la plus féroce, les pasteurs arrachés à leurs asiles, traînés en exil, et entassés
dans les prisons , précipités dans les flots , égorgés
sur les échafauds , voilà l'ouvrage des ennemis de l'E-
vangile. Ainsi s'est accomplie la prédiction du Sauveur
à ses disciples : Je vous envoie comme des agneaux
parmi les loups....

« Si la persécution s'est ralentie, c'est que parmi nos
bourreaux, les uns étaient las et les autres voulaient
varier leurs plaisirs, en lui donnant les formes nouvelles
sous lesquelles on la continue. A la vérité, on vous a
restitué la plupart de vos églises, mais en quel état ?
Ils les dévastèrent sous prétexte que les fidèles avaient
abjuré la religion de leurs pères, tandis que leur désolation et leurs larmes protestaient contre l'assertion
de cinq ou six brigands qui opprimaient chaque paroisse ; tandis qu'en France il n'en existe pas une seule
qui ait renoncé à son culte.

« Une foule de faits particuliers attestait cette vérité
que les athées et les prétendus esprits forts sont les
plus fougueux intolérants et les persécuteurs les plus
sanguinaires; enfin l'expérience en a été faite en grand
à la fin du dix-huitième siècle. Au nom de la philosophie qu'ils outrageaient, ils ont raffiné l'art des tor-
tures et perfectionné les supplices contre la religion
la plus philanthropique, contre des hommes qui ne
connaissaient d'autre vengeance que celle des bienfaits...
Et nous aussi nous avons une philosophie : elle apprend
à l'homme à se respecter lui-même, parce qu'il est

l'image de la divinité; elle pénètre dans son âme pour en repousser même la pensée du crime et pour y créer toutes les vertus. Quelles que soient les opinions des hommes, la couleur qui les distingue, le pays qui les vit naître, elle déteste leurs vices, elle plaint leurs erreurs, mais en eux elle n'aperçoit que des frères, et la charité les presse contre son sein....

« Souffrir est en quelque sorte le caractère distinctif du chrétien ; refuser le calice d'amertume, c'est renoncer à l'héritage céleste. Jésus-Christ ne promet ici-bas que des persécutions et des tourments à ses disciples. *Le monde vous haïra*, dit-il, *parce qu'il m'a haï le premier ; mais sachez que le royaume des cieux souffre violence ; que celui qui veut venir après moi, prenne sa croix et me suive.* Et quel sublime modèle dans Celui qui nous a donné le précepte ! Il naît dans la pauvreté, il vit dans le travail, il meurt dans les tourments, abandonné de tous et bafoué, crucifié par un peuple au bonheur duquel il se dévoue. N'espérez pas arriver au bonheur par une autre route que celle qui fut tracée par Jésus-Christ et suivie par tous les saints... »

Enfin ce mandement se termine par un dispositif dont peut-être on sera curieux de connaître les articles.

« Article 1er. — Pour entrer dans ces sentiments (sentiments de pénitence) pour nous conformer au précepte et à l'usage constant de l'Église qui consacre au jeûne solennel et à la pénitence les quarante jours qui précèdent la solennité de la Pâque, nous proclamons le carême qui, suivant l'ère chrétienne, commence le dix février de l'an de grâce 1796.

« Article 2. — Il sera fait dans toutes les églises de nos diocèses les prières des 40 heures, pendant les trois jours qui précéderont l'ouverture du jeûne solennel.

« Article 3. — Le mercredi 10 février, les fidèles se présenteront à l'église et se pénétreront des sentiments de componction et d'humilité, pendant que le prêtre leur imposera les cendres, en leur rappelant qu'ils sont poussière, et qu'ils retourneront en poussière.

« Article 4. — Le même jour, commenceront le jeûne et l'abstinence. A l'exception des enfants et des infirmes, nul n'en sera exempt qu'avec la permission expresse et individuelle du curé.

« Article 5. — Dès les premiers jours de carême, les fidèles se présenteront au tribunal de la pénitence, pour se disposer à célébrer dignement la Pâque.

« Article 6. — Nous exhortons les fidèles à assister au saint Sacrifice de la messe, les jours ouvrables, autant qu'il sera possible, et spécialement les mercredis et les vendredis.

« Article 7. — Nous invitons les pasteurs, notamment ceux des villes, à faire des instructions familières, aux jours mentionnés à l'article précédent. Il serait édifiant et utile que dans les campagnes surtout, au retour du travail, les fidèles se rendissent à l'église pour faire la prière du soir, pour chanter quelques cantiques spiri-

t uels, et entendre une lecture ou une instruction chrétienne.

« Article 8. — Le temps de la Pâque commencera
le dimanche de la Passion, et finira le dimanche
du Bon Pasteur ; cette prolongation est accordée sans
tirer à conséquence, et par égard pour la multitude des
pénitents et pour les fatigues des pasteurs.

« Article 9. — Nous rappelons les lois de l'Église et les
statuts synodaux, qui ordonnent à chaque fidèle de se
confesser au moins une fois l'an, à son propre prêtre,
et de recevoir la communion pascale dans l'église de sa
paroisse. Nous invitons les curés à expliquer aux fidèles le canon du concile de Trente.

« Article 10. — Tous les prêtres diront à la messe les
oraisons pour la paix ; on fera une prière publique
pour la paix, les dimanches après les vêpres, en se
conformant au Rituel. »

Enfin c'est à cette époque (1796) que le curé de Basses se donnait tant de mouvement, par ses nombreuses lettres à l'adresse de Joseph Sabourin, pour faire
nommer un successeur à l'évêque Montault. La lettre
« pastorale et instructive » des douze vicaires épiscopaux, après la mort de Lecesve, a pu faire pénétrer jusqu'au fond *de l'esprit* du schisme ; je pense que quelques citations des lettres du curé de Basses nous intro-
duiront plus intimement jusqu'au fond de ce que j'appellerai *son cœur*.

« Cher et honoré confrère,

« Un représentant vient de m'écrire de Paris que notre respectable évêque, le c. Ch. Montault, a donné sa démission. Cet estimable laïque, au nom de Nosseigneurs, m'engage à donner mes soins pour procurer l'établissement d'un *presbytère*, et parvenir par là à une *nouvelle nomination.* Souffrez, cher confrère, que je vous renvoie cette tâche, comme plus jeune et bien plus à portée que moi de procurer des renseignements. Ma tête s'affaiblit chaque jour, ainsi que mon corps. Je ne peux plus que vous animer et vous montrer de loin le prix que Dieu a mis au bout de la carrière, pour celui qui aura le courage, dans des temps aussi malheureux et aussi difficiles, de rassembler les brebis éparses d'Israël, de rétablir la discipline et l'ordre dans le clergé, seul moyen de ranimer la foi, qui a été autrefois si vive en France. Mais tremblons! L'Asie a été son berceau, l'Afrique sa gloire, sous les Cyprien et les Augustin; d'autres nations peuvent s'en richir de la pauvreté de l'Europe. *Euge, serve bone* ; espérons contre toute espérance. Vous avez montré du zèle et du courage, voilà le temps de les déployer : *argue, obsecra in ommi patientia et doctrina.* Si nous ne nous réunissons promptement, tout est perdu. Cette considération devrait réunir nos frères *dissidens* ; le concile, voulant la paix et leur réunion, avait décrété que les *anciens* évêques et curés reprendraient leur place : le gouvernement y met un obstacle insurmontable, qu'il n'est pas en notre pouvoir d'empêcher. S'ils aimaient vraiment leur patrie et leur troupeau, ils donneraient eux-mêmes leur démission. Voudrait-on se gouverner par des préfets apostoliques ou nonces? cela ne convient qu'aux pays qui n'ont pas la liberté de leur culte. Nos *saintes* libertés et les articles de 1682 s'y opposent. Une loi impérieuse nous commande de faire tout ce qui est en notre pouvoir pour ne pas laisser le troupeau de Jésus-Christ sans pasteur. Allons, mon cher, il faut former à Poitiers un *presbytère*, qui ordonne les assemblées de paroisse, pour recueillir les suffrages. *L'incomparable* C. Grégoire, qu'on m'annonce être peut-être à présent notre métropolitain *du centre*, n'attend que cela pour nous tendre la main. J'espère que le 18 fructidor et les soumissions qui en ont été la suite vous auront adjoint quelques prêtres dignes et capables de soutenir cet honorable emplois. Je crois apercevoir à Loudun l'aurore d'une réunion; il faut leur aplanir le chemin. Je compte, au premier beau temps, faire une ronde entre Mirebeau et nous, pour voir de respectables confrères qui, malgré notre différente ligne, ne laissent pas que de m'honorer de leur confiance. La nécessité est un grand maître; elle commande, il faut lui obéir. Je vous prie de présenter mes respects à mes estimables confrères qui vous sont unis. Nous n'avons qu'un prêtre à Loudun, mais plein de piété; nous en avons cinq ou six dans le canton, pleins de zèle et de bonne volonté. Nous le secourons et lui avons

aidé a supporter ses peines, dont les épines semblent,
se changer en fleurs ; tant est grande la justice et
la miséricorde de Dieu, qui n'a donné qu'une crèche
à son fils, pour nous prêcher de là, d'une manière
admirable, les vertus de patience, soumission, souffrance et de la plus profonde humilité ».

« J'ai l'honneur d'être, cher confrère, tout à vous
votre frère, votre sincère ami.

Signé : « LÉPINAY, curé de Basses
(près Loudun). »

« A Loudun, le 7 fructidor an VI, (1797). »

... Quel homme nous faut-il pour l'épiscopat ? « Ce
n'est point, je crois, de ces docteurs scolastiques qui,
à force de vouloir tout éclaircir, ont tout embrouillé,
fait naître le scepticisme ou le pyrrhonisme, et par suite
l'incrédulité qui, depuis cinquante ans, a gagné tous
les ordres, et nous a attiré, en punition, le déluge des
maux où nous sommes plongés qui nous faut-il ? —
Un homme qui sache son écriture tant ancienne que
nouvelle, les canons de l'Église ; qui soit en garde contre *les fausses décrétales* d'Isidor Mercator ; qui connaisse un peu *son Fleury* ; un aussi bon citoyen que
bon chrétien ; qui ait gardé l'honneur de son sacerdoce ; enfin un esprit appliqué, qui ait bonne envie
de s'instruire, en état de le faire et en force de travailler ; bon, doux, patient surtout, constant et inébran-
lable dans sa foi, et qui ait une grande confiance

dans la Providence qui peut aussi bien soutenir son église sans biens, comme elle l'a fait pendant plusieurs siècles.... Veuille bien le Seigneur bénir ma bonne intention, et me faire la grâce, avant de mourir, de voir un chef au respectable troupeau du grand saint Hilaire, si cruellement abandonné à la fureur des loups, et voir refleurir l'antique discipline de la primitive Église !

« Vale, mi carissime, tuus frater en Jésus-Christ, et dans l'union du Saint-Siège apostolique.

« Lépinay, curé de Basses. »

« A Basses, près Loudun, le 24 vendémiaire 1798....
« Vous craignez que le c. Montault, qui n'a pas donné officiellement sa démission, ne réclame son siège. Ah ! plût à Dieu !... Croyez-vous donc que celui qui le remplacera, n'ayant d'autre ambition que celle du martyre, d'autre disposition que de lutter contre la faim, la soif, la nudité, les insultes, les sarcasmes, la guerre au dehors, la guerre au dedans, les fers et les prisons, se ferait peine de lui remettre, ou à un autre, le bâton pastoral, si la paix, le bien de l'Église le demandait ? Détrompez-vous ; pour accepter l'épiscopat aujourd'hui, il faut un autre saint Ignace martyr, un autre saint Paul, et avoir son zèle et sa charité »...

Les candidats manquent pour l'épiscopat ; Joseph Sabourin a refusé ; c'est alors que « de Basses près Loudun, le 17 brumaire an 7 de la république française, et la 1798ᵉ année de l'ère chrétienne, Lépinay écrit de nouveau : « L'élection de notre vénérable confrère Nolain restant dans toute la force, vous pouvez encore lui représenter qu'il prenne garde de désobéir à Dieu, en ne répondant pas aux vœux unanimes de nos cantons, formés en *presbytères* : sans doute par la miséricorde de Dieu, puisque c'est au risque des fers et des prisons, comme il est arrivé à d'autres. Quoi donc! on préférera sa tranquillité plutôt que de se saisir d'un gouvernail, parce qu'il est agité et que la tourmente est grande ; et il ne se trouvera pas un autre Pierre pour réveiller Jésus et lui dire : Levez-vous, Seigneur, car nous périssons ! Quoi ! personne n'écoutera la voix impérieuse de la nécessité qui, comme vous le pensez très bien, doit faire oublier la forme, qu'il est impossible d'invoquer dans des temps aussi extraordinaires et aussi difficiles !.... »

Enfin le 26 floréal an 8 (1799) : « Vous paraissez bien tranquilles, tandis que votre vaisseau sans pilote sans antennes, battu des flots sur une mer orageuse, est livré au *presbytéranisme*, au *merceranisme*, au *laicisme*, enfin à tous les maux qui inondent toujours le malheureux troupeau sans pasteur. Mais pardon, cher collègue, votre zèle m'est connu et depuis longtemps. Avec tous les amis de cette *chaste colombe*, vous gémissez sur ses malheurs. Ces reproches sont pour ceux et pour d'autres en grand nombre qui les méritent ; non pour vous à qui il n'a pas tenu que le gouvernail n'ait été saisi par une main sage et courageuse. Sortons de notre léthargie ; sonnons le réveil à ceux qui dorment, et leur crions : le culte est libre, il est protégé par un *jeune héros* (1) aussi grand politique que grand guerrier.... »

Ainsi notre chère Église de Poitiers, l'Église du grand saint Hilaire, est donc dans un état d'agonie ! Plus d'évêques, ni légitimes ni illégitimes : Monseigneur Beaupoil de Saint-Aulaire est mort en exil, à Fribourg, en 1798 ; l'évêque Montault a donné sa démission, et il n'a pas de successeur : le *siège* est bien vacant, et le Chapitre de la cathédrale de Poitiers dans l'impossibilité de se réunir pour donner un chef à notre diocèse. Parmi les chanoines, les uns sont en exil, d'autres cachés dans des retraites inconnues, d'autres morts de leur mort naturelle ou sur les échafauds. Il en est un, le chanoine Richard, qui a été une des victimes les plus intéressantes de la *Terreur*. Accusé faussement d'émigration, il fut *exécuté* avant même qu'on lui eût donné le temps nécessaire pour mettre à néant l'accusation portée contre lui, ses preuves étant parvenues à Poitiers peu de jours après son exécution. Sa mort a excité de la sympathie même parmi les *terroristes* (2).

(1) Napoléon-Buonaparte.
(2)... « Si je n'écrivais que pour ceux de mes concitoyens qui le connaissaient, je me garderais bien de troubler les mânes de cet infortuné jeune homme dont le glaive de la loi a tranché les jours dans le printemps de son âge (35 ans) ; je respecterais ses *préjugés* et je verserais encore des *larmes* sur

Or si, en cas de nécessité et à côté d'un chrétien mourant, il n'y a plus de juridiction nécessaire ni de réserve pour aucun prêtre, est-ce qu'à côté de l'Église de Poitiers en quelque sorte agonisante, le ministère de Joseph Sabourin ne pourrait pas , sinon s'excuser, du moins s'expliquer à certains égards? Du reste, écrit-il dans une de ses lettres où il revendique toujours le titre de curé de Saint-Cybard, « quand le gouvernement français aura rappelé les corporations de chanoines , si ceux de la cathédrale trouvent mauvais que j'y célèbre les saints mystères , j'irai les célébrer ailleurs. » Sa présence à la cathédrale a été très utile à son monument ; il aurait même pour sa bonne part contribué à sa conservation, et dans des lettres pleines de sens et de raisons, où l'ancien Chapitre de la cathédrale de Poitiers daigne traiter à l'amiable avec les chisme constitutionnel , pour reprendre sa

sa tombe ; mais on s'est tellement plu à apitoyer sur son sort depuis qu'il n'existe plus, à le représenter comme un personnage intéressant, qu'il est de mon devoir, quoi qu'il en coûte à mon *cœur* de le peindre au naturel. Richard, ex-chanoine de la ci-devant église cathédrale de Poitiers et prêtre, avait la conscience si *timorée* qu'il n'avait satisfait à aucunes des lois relatives aux serments exigés des ecclésiastiques. Partisant de l'émigration, il est nombre de ses confrères qui n'ont abandonné leur patrie qu'à ses pressantes sollicitations. Tandis que les autorités constituées le croyaient déporté, il figurait à Paris en habit d'uniforme. Il passa ensuite dans la Belgique ou en Hollande, d'où, dénué de secours et d'espoir, il retourna secrètement dans sa famille, et finit par y être trouvé caché dans une armoire. Tel est le récit exact de ce qu'a fait Richard, depuis 1792, jusqu'au moment de son arrestation... »

(Extrait du mémoire justificatif de Planier.)

place et ses droits (1799), une de ces lettres à l'adresse de Joseph Sabourin renferme ces paroles : « Respectable ministre de Jésus-Christ... s'il nous reste deux ou trois églises dans cette ville ; si elles ne sont pas vendues ou démolies ; si, au contraire, elles sont ouvertes à la piété des fidèles ; si enfin un petit nombre d'entre eux s'y réunissent pour protester hautement à la face de toute la France qu'il reste encore à Poitiers quelques disciples de la croix de Jésus-Christ, c'est à vous particulièrement que nous en sommes redevables »....

Joseph Sabourin est encore à la cathédrale après le 9 février 1801 ; quelques mois avant la signature du Concordat qui eut lieu le 15 juillet de la même année. il y prononça deux discours de *Te Deum*, l'un à l'occasion de la victoire de Marengo remportée le 14 juillet 1800, et l'autre à l'occasion du traité de Lunéville, par lequel le Pape fut rétabli dans ses États, moins les Légations et Avignon. Dans le premier de ces deux discours, il dit : « O rade d'Aboukir ! ô remparts de Coni ! ô champs d'Arcole, de Jemmapes, de Fleurus ! ô plaines de Marengo, de Hohenlinden ! il n'est pas besoin que l'on vous décore d'une pyramide, comme Hochstedt, pour rappeler à la postérité la mémoire des bienfaits dont vous avez été les théâtres ; l'immortelle renommée la perpétuera d'âge en âge, jusqu'à nos derniers neveux. *Cantemus Domino*, glorifions le Seigneur d'avoir ramené sain et sauf, des bords lointains du Nil aux rives de la Seine, malgré l'astuce d'un ennemi aux aguets et les dangers d'un élément perfide, le front orné des lauriers d'Alexandre, cet homme non moins grand, ce génie vaste et sublime, d'une conception profonde et hardie, pour être le restaurateur de la liberté opprimée des Francs. En abordant de nouveau les parages de la France, quel spectacle douloureux émeut son âme indignée ! Il l'avait laissée libre, il la retrouve dans les fers...

«... Mais ô douleur ! faut-il que l'olivier de la paix ne se cueille qu'au fond d'une épaisse forêt de cyprès funèbres ? Oui, malgré tant de succès, tant de victoires, la nation française, comme autrefois la nation Israélite, regrette de vaillants Machabées, habiles à la défendre et la protéger contre les agressions multipliées des rois voisins : ici, c'est un intrépide Jonathas, en la personne d'un Marceau, dont le sarcophage illustre les rives du Danube ; là, c'est un redoutable Judas en celle d'un Desaix, à la mémoire duquel des amis de la patrie ont, à l'envi, décerné un monument de gloire ; plus loin, c'est un invincible Simon en celle d'un Kléber : comme ce généreux défenseur d'Israël, il est tombé victime de la plus atroce perfidie. De tous côtés, de valeureux soldats de Gédéon qui se sont estimés heureux en versant tout leur sang pour la patrie.... »

Enfin, quelles que soient les erreurs et les fautes de Joseph Sabourin, ce qu'il y a eu vraiment de plus avantageux pour lui et de plus consolant pour nous, c'est qu'il les a rétractées, qu'il les a pleurées, qu'il les a expiées publiquement ; qu'il est mort dans le sein de l'Église catolique, apostholique et romaine, et dans l'exercice légitime des fonctions de notre saint ministère. Pardonnons-lui, comme Dieu lui a pardonné, et comme souvent j'ai entendu le pardon tomber des lèvres de son généreux frère, François Sabourin!...

CHAPITRE V.

L'EXIL.

LA France est encore en pleine *terreur*. A l'intérieur, l'échafaud pour les prêtres fidè-les ; à l'étranger l'exil; et entre ces deux martyres, un martyre plus grand encore : celui de ces prêtres que la charité de leur ministère retenait quand même en France ; errant la nuit, se retirant le jour dans des cachettes plus ou moins sûres, et à chaque instant craignant la mort, non pas pour eux, mais pour ceux à qui leur seule présence pouvait la donner; et, pour compléter ce tableau, le prêtre *apostat*, je ne dis pas le prêtre *constitutionnel*, non, il a eu, lui aussi, les honneurs de la persécution ; je dis le prêtre apostat, à l'abri et en sûreté sous son apostasie ; faisant partie de toutes les administrations civiles du temps, dont il était un des membres les plus sanguinaires ; et osant dire, comme le prêtre Giraud, à la Société des amis de la constitution de 1793, à Poitiers : « Citoyens, un roi philosophe qui, à coup sûr, eût adopté dans ses Etats la constitution de 1793, disait qu'au premier jour, les métiers de prêtre et de roi ne vaudraient plus rien. C'est qu'il voyait les progrès de la raison ; c'est que la raison ne veut ni roi ni prêtres. Non, la raison ne veut point de prêtres; et c'est parce qu'elle n'en veut pas, que je déclare formellement renoncer au sacerdoce, comme contraire au bon ordre, à la justice, aux vertus morales que je regarde seules comme filles du Ciel et dispensatrices du bonheur : je vais en conséquence déposer mon brevet de fainéant, d'homme inutile et de trompeur, en priant mes frères de le faire brûler tout de suite, afin que j'en aie le cœur net. Cela fait, je renouvelle ma proposition de rassembler tous les livres de théologie et tous les brimborions de cette espèce pour être brûlés sur l'autel de la philosophie. Je n'ai heureusement en ce genre que des bréviaires : je demande la faveur qu'ils soient brûlés les premiers. »

Miguen dit Planier, président du tribunal criminel de la Vienne et dont nous avons déjà parlé, en était un ; il était prêtre et prêtre apostat : tant il est vrai que *la corruption du meilleur est la pire de toutes.* On en compte aussi et au premier rang, dans cet imprimé portant pour titre : « Tableau naturel des égorgeurs de la commune et district de Châtellerault, avec les noms des scélérats dont ils ont été les émules »; imprimé que je n'oserais montrer à mes plus intimes amis, à cause des personnages qui s'y trouvent nommés et burinés dans des biographies, avec le style du temps, c'est-à-dire avec des apostrophes à leur adresse, presque à chaque phrase (1).

(1) Note de l'auteur. — « Il existe à Châtellerault et dans le district des tyranneaux, tels que les G.. L.. M.. B... qui ont servi d'agitateurs et de cerbères aux coryphées que je viens de citer. Je dis cela en passant, car je ne souillerai pas davantage ma plume du nom de ces gredins-là, que j'envoie au surplus à Béelzébuth et à Astaroth.»

C'est au milieu de cette lugubre époque, 1797, que Piorry, membre de la Convention, lui adresse son rapport, comme commissaire de la Convention nationale dans le département de la Vienne, avec cette épigraphe tirée d'Horace et qu'il traduit lui-même :
« Ut, quò quisque valet, *suspectos* terreat, atque imperet hoc natura potens, sic collige mecum. Hor. 5, I. liv. 2.

« Chacun fait ce qu'il peut pour effrayer les hommes *suspects*, ce qui prouve que c'est la nature même qui le commande. »

Il écrit à la page 8ᵉ et suivantes : « L'ouverture d'une infinité de lettres venant de la part des prêtres réfractaires et des émigrés, nous a effectivement donné la clef de leurs intrigues et de leurs perfidies ; nous y avons vu les différents moyens qu'ils emploient, soit pour obtenir des secours pécuniaires, soit pour égarer l'opinion publique.... Une adresse des amis de la liberté et de l'égalité de Poitiers demandait, comme mesure de sûreté et de tranquillité publique, que toutes les femmes des émigrés, les ci-devant nobles, les religieuses, les prêtres réfractaires, et toutes autres personnes suspectes, fussent mises en état d'arrestation pendant les dangers de la patrie. Cette adresse mise en délibération par les trois corps administratifs et par moi, il a été arrêté que les ci-devant religieuses, les sœurs converses et les tourières seraient tenues de se retirer dans leurs communes respectives, et d'y rester consignées, sous peine de réclusion. Les directoires de district ont été chargés cependant d'admettre ou de rejeter, suivant les circonstances, les exceptions qui leur paraîtraient fondées sur la justice et l'humanité, en faveur des religieuses âgées, infirmes, ou qui n'auraient point de domicile connu. Toutes les religieuses supérieures, comme prévenues de correspondances coupables, ont été mises en état d'arrestation.

« Ce n'était pas assez de chercher à reclure des *êtres pernicieux* à la chose publique ; il fallait encore empêcher qu'ils ne tournassent contre la patrie les bienfaits qu'ils en reçoivent. Ainsi, comme une infinité de malheureux pères de famille se sacrifiaient journellement, pour aller dans la Vendée et sur les frontières défendre la vie et les propriétés des aristocrates pensionnaires de la république, il a été arrêté, sur la pétition des amis de la liberté et de l'égalité, qu'il serait retenu aux ecclésiastiques, aux religieuses et aux familles des émigrés, un quart de leur traitement, provision ou pension alimentaire, et que ce même quart resterait dans les mains de chaque receveur de district, pour venir au secours de nos défenseurs les plus nécessiteux.

« Suivant la loi du 18 août 1792, toutes les congrégations séculières et régulières d'hommes et de femmes, même celles uniquement vouées au service des hôpitaux, ont été éteintes et supprimées. Néanmoins, dit l'article II de cette loi, dans les hôpitaux et maisons de charité, les mêmes personnes continueront, comme ci-devant, le service des pauvres et le

soin des malades, *à titre individuel*, et sous la surveillance des corps administratifs et municipaux (1).

« Par une fausse interprétation de cet article de la
loi, quarante religieuses cloîtrées sous le titre d'hospitalières croyaient pouvoir régir et administrer librement cinq à six malades privilégiés ; mais elles existaient si peu *à titre individuel,* qu'une supérieure
leur faisait encore strictement observer toutes les
anciennes règles du couvent. D'une autre part, les
rentes et revenus ordinaires de la maison étaient toujours demeurés sous leurs mains : en sorte que
le propre bien de la nation et le casuel d'un pensionnat
de jeunes citoyennes servaient à alimenter le fanatisme et l'aristocratie dans les murs de Poitiers. Un
couvent de Charitons existait sous les mêmes abus et
sous les mêmes préjugés que celui des Sœurs hospitalières. Un couvent de Sœurs grises était encore
chargé, contre les dispositions de l'article IV de la
même loi, de l'enseignement public dans un des principaux faubourgs de la ville. J'ai, de concert avec les
corps administratifs et municipaux, anéanti ces trois
corporations religieuses. Pour surveiller ensuite cinq

(1) J'ai en main une consultation délibérée à Tours, le
1er avril 1791, et signée Cottereau, sur les droits légaux et
civils des religieux et religieuses, qui sont les mêmes que ceux
d'aujourd'hui 1884: avec cette différence qu'alors on les foula
aux pieds moins injustement et moins grossièrement qu'on ne
l'a fait en 1880. Cette consultation, qu'on pourrait placer à
côté de celle de Me Rousse, est plus claire et plus précise ; elle
a été lue avec beaucoup d'intérêt par un de nos Bénédictins
expulsés.

à six malades, et pour former l'éducation des enfants à la pratique des vertus sociales et à l'étude des droits de l'homme et du citoyen, la maison des ci devant hospitalières et celle des Sœurs grises sont *provisoirement* administrées *par des citoyennes aussi recommandables par leurs talents que par leur civisme.*

« La loi du 18 mars, relative au jugement des émigrés et des prêtres déportés, voulait que tout citoyen fût tenu de dénoncer, arrêter ou faire arrêter les émigrés et les prêtres déportés qu'il saurait être sur le territoire de la république, afin de les faire juger de suite par un jury militaire. La Société des amis de la liberté et de l'égalité demanda, le 9 avril dernier, l'exécution stricte et littérale des lois des 14, 26 février et 18 mars. Elle se plaignit de ce que, dans plusieurs municipalités du département, des émigrés et des prêtres déportés jouissaient tranquillement de la plus grande liberté. Sur cette dénonciation, il fut pris en ma présence un arrêté par le département, portant le rappel des lois des 14, 26 février et 18 mars, et, dans le cas où les corps administratifs seraient convaincus d'avoir négligé les avertissements qu'ils auraient reçus sur l'existence des prêtres déportés ou des émigrés, il fut déclaré qu'ils seraient réputés coupables de connivence avec eux, et, comme tels, destitués et infâmes.

« Quelques jours après cette proclamation, le commandant de la gendarmerie de Châtellerault remit au département un ordre de route et différents arrêtés pris à Orléans, à Blois et à Tours, pour la translation de plusieurs prêtres destinés pour la Guyane. Sitôt leur arrivée à Poitiers, les amis de la liberté et de l'égalité manifestent le désir civique de renforcer la cohorte fanatique et réfractaire. J'invite, à cet effet, le département à faire vérifier si, dans la maison de réclusion, il existait des hommes dans le cas de partir pour la Guyane. Conformément à ma demande, il fut nommé des officiers de santé pris dans le sein du département et de la municipalité. Examen fut fait des forces de chaque individu et des circonstances particulières dans lesquelles il se trouvait.

« Considérant ensuite que la présence de quelques-uns de ces réfractaires était un objet continuel de troubles et de scandales, je requis le procureur général, syndic du département, de prendre les mesures nécessaires pour que, dans le plus court délai, les nommés Delauzon l'aîné, Delauzon jeune et Chessé, dont la déportation avait été arrêtée par le district de Montmorillon ; le nommé Tournepote, ci-devant chanoine, qui s'était joué de la loi en allant lui-même solliciter sa déportation auprès de plusieurs citoyens ; le nommé Pennin, ex-chanoine, espion de l'aristocratie nobiliaire, et prévenu de correspondance avec les émigrés ; les nommés Apostole, ex-religieux, Bachelier, Coge et Cochon, condamnés à dix ans de fers ; et le nommé Lamarque, ex-capucin, déporté par délibération du district de Poitiers, fussent tous transférés, sous bonne et sûre garde, au port de Bordeaux, pour y recevoir la destination indiquée par le citoyen Garat, ministre de l'intérieur (1) ».

Terminons par ce détail que Piorry a mis en note dans son rapport, et à qui nous ferons les *honneurs* de notre texte, il en vaut la peine : « Le 28 mars dernier, J.-B. Cuireblanc et Georges Pasqueron-Fommervault furent condamnés à la peine de mort, comme chefs et auteurs d'une émeute contre-révolutionnaire armée. Le lendemain 29, sur les trois heures après midi, ces deux *criminels* devaient être suppliciés ; mais l'aristocratie pensa rendre la loi et leur jugement sans effet. Le commissaire national était absent de son poste, et ses fonctions avaient été déléguées momentanément au citoyen Morlon, juge du tribunal du district de Poitiers. Ce citoyen employa inutilement toute son autorité auprès de l'exécuteur, qui ne disait pas ouvertement qu'il refusait d'obéir, mais il demandait

---

(1) On permettra bien au curé-doyen de Saint-Savin de mettre en note ce passage du rapport de Piorry : d'autant plus que j'ai été le professeur des deux petits-enfants du *citoyen* Corbinière, Raoul et Marc. Pauvres enfants !...

« Dans la commune de Saint-Savin, district de Montmorillon, de jeunes guerriers se sont signalés de la manière la plus éclatante. Au lieu de quinze hommes qui formaient le contingent de cette commune, soixante-dix se sont présentés et se sont enrôlés sur-le-champ. On ne peut donner trop d'éloges au citoyen Charles C... F..., commandant la garde nationale et commissaire du district : c'est son dévouement religieux à la cause de la liberté qui a enflammé le zèle et le courage de ses compagnons d'armes : aussi a-t-il été solennellement déclaré que la commune de Saint-Savin, et le commandant de la garde nationale avaient bien mérité de la patrie. »

qu'on le suspendît de ses fonctions. (Il était apparemment las d'assassiner.) Sur les cinq à six heures du soir, j'appris qu'on ne faisait aucuns préparatifs pour monter l'échafaud. Je demande alors force à la loi ; je requiers la gendarmerie de se transporter sur le pilori et en la maison de l'exécuteur. Un procès-verbal constate que ses charpentiers étaient ivres, et que l'exécuteur avait dit qu'il ne pouvait agir qu'autant que l'échafaud et le glaive de la loi seraient montées. Une lecture publique de ce procès-verbal et les réflexions ultérieures dont je l'accompagnai, firent la plus vive sensation sur l'esprit des bons citoyens. Les charpentiers et l'exécuteur furent intimidés, et la tête des deux contre-révolutionnaires tomba entre les huit et neuf heures du soir, aux cris réitérés de : « Vive la République! » (Le scélérat !)

Déjà François Sabourin était parti pour l'Espagne, déporté comme réfractaire au serment *constitutionnel.* Ferme dans sa foi religieuse et politique, il abandonnait sa chère patrie pour aller en fuyant sur la terre étrangère, y mendier *le feu et l'eau.* La loi inique et cruelle de déportation décrétée par l'Assemblée nationale le 27 mai 1792 a été pulvérisée par l'archevêque d'Aix (1) dans des pages éloquentes, dont je donnerai ici quelques extraits.

« Il faut remplir encore un pénible devoir. Il s'agit du sort de cinquante mille ecclésiastiques qu'on vou-

____

(1) De Boisgelin.

drait bannir du royaume. Qu'ont-ils fait ? Un ministre du roi porte la plainte, provoque le décret, ne nomme pas un coupable, et lui-même avoue qu'il n'y a pas de preuves. S'il y a des preuves, il faut les connaître et les vérifier ; s'il y a des coupables il faut les entendre. On n'en accuse pas un seul, parce qu'il n'y a pas un seul coupable ; on les condamne tous, quand on ne peut pas les accuser.

« Quel est leur crime ? celui de leur religion. Leur crime est de ne vouloir pas faire un parjure. On les bannit parce qu'il ne prêtent pas un serment qui leur semble un parjure. Il s'agit ici de la conscience. On ne lui commande pas. Ceux qui ne croient pas pouvoir prêter un serment, ne le peuvent pas. Plus on déploie contre eux de force et d'autorité, plus il est prouvé qu'ils n'obéissent qu'à leur conscience. On bannit des citoyens qui n'ont d'autre crime que celui de leur religion ; on les bannit quand on leur a ravi leur place et leurs biens. On les bannit pour leur ôter les ressources qui leur restent dans leur famille et dans leur domicile. On les bannit de leur patrie quand on leur a fait perdre les moyens d'en sortir, et les moyens de vivre dans une terre étrangère.

« Combien de ces hommes, vieux, infirmes et dans l'indigence, seront hors d'état de soutenir la fatigue et la dépense du voyage! combien périront de chagrin, de maladie et de misère ! et quand ils sont bannis comme instigateurs de troubles, combien peuvent être poursuivis sur leur passage, et mourir victimes d'une émeute populaire !

« On avait proposé l'exception des septuagénaires; on l'a rejetée. Il est dit, dans le code pénal, *que nul ne pourra être déporté s'il a soixante-quinze ans accomplis.* On prenait en pitié la vieillesse même déshonorée par un crime. Et c'est sans pitié qu'on poursuit et qu'on déporte des vieillards devenus plus respectables encore par cette même fidélité qui les livre à la persécution. Il n'y a pas d'exemple, d'une loi semblable, faite par le seul mouvement d'une Assemblée de représentants, au nom d'une nation; il n'y en a pas d'exemple, parce que les actes d'inhumanité n'ont été faits que par la force; et quand les lois les ont adoptés, c'est que la force avait dicté les lois....

« Une voix s'est élevée dans l'Assemblée pour dire que *la déportation n'était pas une peine*, et cette voix même a rétracté ce qu'elle avait dit. Quel est l'homme insensible et dénaturé qui puisse arracher de son cœur l'amour de ses foyers domestiques, de sa famille, de ses concitoyens et de sa patrie entière ? Quel est le sentiment qui reste à celui qui renonce à tous les sentiments de la nature et de la société ? ou, s'il ne les a pas abjurés lui-même, quel est ce mensonge barbare, qui consiste à dire que le bannissement n'est pas une peine, afin de bannir arbitrairement des citoyens qui ne sont pas coupables. C'était, chez les Romains, la plus grande des peines, celle qui suppléait à la peine de mort, l'exil ; et telle en était l'impressson, qu'un exil volontaire mettait un citoyen coupable du plus grand crime, à l'abri du jugement. La loi n'avait plus à punir ceux qui s'imposaient eux-mêmes la plus grande des peines qui pouvaient être infligées par la loi.,...

« Il est enfin des motifs supérieurs que rien ne peut détruire. Il est des lois de toutes les constitutions ; il est des obligations de tous les temps et de tous les états, et les principes gravés dans la conscience de tous les hommes n'en affranchissent pas les rois. Le roi professe la religion catholique telle qu'il l'a reçue de ses pères, telle qu'elle était professée, il y a trois ans, dans toute la France, telle qu'elle l'est encore par la plus grande partie des citoyens. Il ne peut pas regarder comme un crime la religion qu'il professe ; il ne peut pas punir et bannir les ministres de sa religion....

« Le roi ne peut pas abjurer, à la face de l'Europe, tous les sentiments de la justice et de l'humanité. Ce n'est pas le décret qui menace cinquante mille citoyens, puisqu'il ne peut pas être exécuté par lui-même ; c'est la sanction. Si le roi peut refuser sa sanction, il ne peut pas la donner ; il ne peut exposer en la donnant tous les ministres catholiques du royaume au bannissement, et le plus grand nombre à la misère. On verra des citoyens vertueux errer dans les pays étrangers, déplorables objets d'étonnement et de pitié, réduits à recevoir des secours et peut-être à les mendier. On leur dira : quel est votre crime ? celui d'enseigner la même religion que nous avons enseignée, et de remplir les devoirs qu'elle nous impose. Le roi devait nous défendre : il est l'héritier des rois protecteurs de l'Église. Il professe la même religion que nous ; il pouvait maintenir par son seul silence les droits que nous donnent la justice et l'humanité ; il ne pouvait pas, en vertu de la constitution même, sanctionner un décret qui détruit la constitution ; c'est lui qui nous abandonne, et nous périssons victimes de sa sanction.

« Comment le roi pourrait-il se dérober au jugement de sa conscience, à celui de son siècle et de la postérité ? S'il donne sa sanction, il ne peut pas se le dissimuler, sa proclamation annonce et publie qu'il a dans le cœur tous les sentiments qui ont dicté le décret : il ne peut pas douter que pour beaucoup d'ecclésiastiques la déportation est la mort. Faut-il qu'il se dise à lui-même : J'ai signé de ma propre main, sans accusation et sans jugement, la persécution ou la mort d'un grand nombre de citoyens ; j'ai signé l'affreuse proscription ; je suis responsable de toutes les injustices exercées d'un bout de la France à l'autre, par les haines, les vengeances et les rivalités. Quel moment pour livrer les citoyens au caprice de quelques hommes passionnés, quand l'anarchie met tous les intérêts en action, et toutes les passions en liberté ! Ce sont là mes victimes : je puis, je dois les défendre, et c'est moi qui les tue !... »

Louis XVI répondit à ces éloquentes paroles en apposant son *veto* au bas de cette loi inique et impie. Ce fut son dernier acte de puissance royale. Il ne lui resta plus qu'à souffrir et à mourir sur les échafauds de la Révolution : il le fit courageusement et en roi très chrétien.

Mais ce qu'il y eut de plus poignant pour François Sabourin, c'est que sa lettre d'exil portait une signature autographe dont nous avons déjà parlé, la signature du prêtre Montault, à côté de celles de Piorry et d'Yngrand. Comme contraste, donnons de suite ici, malgré la différence des dates (1802), deux autres lettres dont le rapprochement de la première, la lettre d'exil (1792), soulève dans l'esprit bien des réflexions, en même temps qu'il soulage le cœur de bien des amertumes. L'adresse seule des deux lettres de 1802 a une grande portée : ce n'est pas le dernier évêque constitutionnel de Poitiers écrivant à l'un de ses vicaires épiscopaux, et desservant la paroisse de la cathédrale : non; c'est un évêque légitime d'Angers écrivant à celui qu'il tient à appeler *l'ancien curé de Saint-Cybard*, afin de l'aider à rentrer, lui aussi, dans le giron de la sainte Eglise. Voici donc ces deux lettres, qui font en même temps l'éloge mérité de notre premier évêque légitime de Poitiers après la Révolution, Mgr Bailly :

« *A Monsieur Joseph Sabourin, ancien curé de Saint-Cybard de Poitiers.*

« Paris, vendredi 10 floréal an X, (1802).

« J'ai reçu de vos nouvelles avec le plus grand

plaisir, mon cher Sabourin ; je vous remercie de tout l'intérêt que vous me témoignez. Soyez bien assuré que je ne vous ai pas oublié et que je vous estime toujours. On fait le plus grand éloge de la piété et de la vertu de votre respectable évêque. Vous pouvez compter que s'il arrive à Paris pendant le court séjour que je compte y faire, je lui parlerai de vous. Je n'ai pas besoin de vous recommander de vous soumettre à lui et de suivre ses conseils ; de pareilles dispositions sont dans votre cœur, et doivent être celles de tout bon ecclésiastique. Il est nécessaire de nous réunir aux chefs que la Providence nous a donnés (et surtout à Pie VII, élu Pape à Venise, le 14 mars 1800). Le Souverain Pontife est d'accord avec le gouvernement français. Nous devons renoncer de bon cœur à une *Constitution* reconnue mauvaise par les autorités ecclésiastiques et civiles, et faire cesser un schisme qui a désolé l'Église de Jésus-Christ. Adieu, mon cher Sabourin, je vous renouvelle les sentiments d'estime et d'attachement que j'ai toujours eus pour vous.

« J'ai l'honneur de vous saluer.

« *Signé* : † CHARLES MONTAULT,
« *Evêque d'Angers.* »

« Paris, mercredi, 28 vendémiaire an 11 (*sic*),
20 octobre 1802.

« Pendant mon séjour à Paris, mon cher Sabourin, j'ai fait connaissance avec M. Bailly, nommé à l'évêché de Poitiers. C'est un prélat d'une grande douceur, et vous serez très heureux de l'avoir ; il est extrêmement conciliant. Je n'ai point oublié nos anciennes liaisons ; je lui ai parlé de vous ; dès qu'il sera arrivé à Poitiers, allez le trouver, et je vous réponds que vous aurez lieu d'être satisfait de lui. Faites ce qu'il vous dira, et rapportez-vous-en à lui : c'est un prélat plein de sagesse et de bonté. J'ai des raisons particulières pour vous dire d'en agir ainsi. Gardez, s'il vous plaît, la présente pour vous seul. Je ne vous donne point mon adresse à Paris ; je partirai incessamment pour mon diocèse et emporterai mon organisation. Dans le cas où vous voudriez écrire à M. Bailly, il demeure à Paris, rue de Sèvres, faubourg Saint-Germain, n° 192.

« Je vous salue de tout mon cœur.

« *Signé* : † CHARLES, *Evêque d'Angers.* »

Montault, François Sabourin, Joseph Sabourin, que de leçons jaillissent de ces trois noms réunis ; et comme celui de François Sabourin, qu'à bon droit nous avons appelé le *héros*, domine les deux autres !...

Il est en exil. Quelle dure nécessité pour une âme aimante et sans reproche ! L'exilé nous tire des larmes dans la poésie ou dans les romans ; qu'est-ce donc quand nous le voyons dans la réalité ? quand nous l'entendons lui-même nous raconter ses souffrances et ses éloignements? La correspondance étrangère de François

Sabourin est toute arrosée de ces pleurs de l'exil qui ne ressemblent point à d'autres larmes; toutes empreintes de ces affections, de ces sentiments de parenté ou d'amis, qu'une pareille séparation rend mille fois et plus vifs et plus tendres. Avant de faire l'analyse de ces lettres, on sera curieux de connaître un questionnaire du temps (1795 et 96), écrit de la main de François Sabourin. Les questions partent de l'exil et les réponses viennent de la patrie.

ANNÉES 1795-1796.

1o *En quel état est présentement la religion en France ? Peut-on espérer son rétablissement et se flatter qu'il soit prochain ?*

La religion en France est encore bien persécutée, puisque les prêtres qui ont refusé la soumission aux lois de la République sont obligés de se tenir cachés et regardés comme réfractaires. Le clergé de Paris admet la soumission, s'autorisant en cela sur le silence de Rome, et prêt à se rétracter au moindre signal qu'elle en donnera. Il leur est permis d'avoir des églises ouvertes, bien différentes de celles des intrus dont il y a quelques-unes. Il y a encore beaucoup de monde qui fréquente ces églises schismatiques, dans beaucoup d'autres diocèses, dont Rouen est un. Quiconque a fait la soumission est regardé comme schismatique. Il n'y a aucune église catholique d'ouverte, et les bons prêtres se cachent très soigneusement.

2° La Convention en parlant des prêtres catholiques soit émigrés ou déportés, soit demeurés en France cachés ou en prison, continue-t-elle à les traiter de fanatiques, d'ennemis de l'Etat, de séditieux, etc. ?

Ces qualifications ne s'appliquent plus si ouvertement et même dans les séances on'est plus modéré lorsqu'il s'agit d'affaire de religion. Il y a eu des membres, pensant bien sans doute (le nombre des mauvais ayant beaucoup diminué), qui ont pris vigoureusement le parti des bons prêtres, qu'une loi devait entiè. rement expulser. Le décret en a été heureusement retiré.

3o Continue-t-on de blasphémer les mystères, les vœux religieux, le Souverain Pontifes, etc. ?

Je réponds à cela comme ci-dessus.

On ne parle plus de vœux ni de ceux qui les avaient contractés. Malheureusement la plupart du peuple et des riches sont fort insensibles à la religion.

4o Les intrus, et spécialement les évéques, sont-ils toujours en place?

L'évêque intrus de Paris a été guillotiné, personne ne l'a remplacé; mais un certain Grégoire exerce quelquefois dans la cathédrale. Je ne sais cependant s'il administre la confirmation, etc. Je sais qu'il a officié pontificalement.

A Rouen, il y en a un qui impose grandement au peuple par son air et ses manières religieuses. Toutefois il a fait un ouvrage pour condamner et refuser ses pouvoirs aux prêtres qui se marieraient et contre la liberté du divorce et de se remarier de suite, ce qui lui a valu l'incarcération.

5° Sont-ils accrédités et ayant la confiance du grand nombre ?

Les bons catholiques surpassent de beaucoup les autres ; mais il y a encore un grand nombre de citoyens qui sont indifférents sur le choix et à qui tout est égal.

6° Sont-ils salariés, eux (les évêques) et les curés?

Les évêques et curés ne sont salariés que par la volonté de ceux qui veulent bien leur donner.

7° A présent qu'il y a, à ce qu'on dit, des prêtres catholiques qui exercent publiquement, les intrus ont-ils perdu de leur influence ? Sont-ils moins appelés pour l'administration des sacrements ?

Tout ce que je sais, sur cet article, c'est qu'ils sont généralement méprisés et que la confiance n'accompagne pas d'ordinaire le mépris. Dans certains endroits où ils administrent, font faire la première communion et sont très suivis, il y a plus d'entêtement que de dévotion.

8° Y a-t-il un grand nombre d'églises vendues ou démolies?

Toutes les églises principales de Paris [sont comme

elles étaient, à l'exception des richesses et ornements du dedans, surtout celles où il y avait beaucoup de fer. Il y en a quelques-unes, ma à connaissance aux environs de Paris, vendues et démolies, entre autres la superbe église des Bénédictins.

9° A-t-on du moins laissé les églises qui ont échappé à la déprédation, suffisamment pourvues des ornements nécessaires : livres, vases, cloches, etc. ?

On n'a laissé aucun ornement ni livres, encore moins de vases sacrés, qui la plupart ont été profanés publiquement. Quelques clochers sans cloches.

C'est la piété des fidèles qui a réparé et fourni le plus nécessaire, lorsqu'il a été permis d'exercer le culte.

Plusieurs églises ont servi comme temples de la Raison ; on y a installé des déesses et tenu des assemblées de joie aux jours de décades, elles servent également au culte des jureurs.

10° Les biens meubles et immeubles des ecclésiastiques déportés ou émigrés ou restés en France et non assermentés ont-ils été le plus généralement vendus ?

Beaucoup des biens des ecclésiastiques émigrés, meubles et immeubles, ont été vendus; mais il en reste encore fauté d'acheteurs. Les parents peuvent rentrer dans les biens des prêtres déportés, et présentement eux-mêmes peuvent en jouir, sauf un tiers pour la nation. Il est extrêmement difficile de rentrer dans ces biens, ils ont été payés en papier, et on ne peut les retirer que pour de l'argent. Il y a encore quelques mandats.

11° *Qu'a-t-on fait des bibliothèques publiques et de celles des monastères ?*

Je ne puis rien dire de certain touchant les bibliothèques publiques. A Saint-Germain-en-Laye où je demeurais, celle des Religieux Récollets est conservée. C'est même un des Religieux qui en est comme bibliothécaire commis par la municipalité.

12° *On sait que les Filles de la Charité ne portent plus l'habit religieux, totalement proscrit par la loi ; mais ont-elles été maintenues dans le gouvernement des malades et sont-elles réunies dans leurs maisons ?*

Les Filles de la Charité ont été un des corps religieux les plus persécutés dans les provinces. Leur utilité les a fait conserver dans plusieurs endroits. A Paris, elles tiennent encore plusieurs maisons, quoique la principale soit détruite. A Saint-Germain-en-Laye, elles en ont deux, et partout où elles sont, elles continuent à faire du bien.

13° *Que pensent en général les gens de bien et qui ont de la religion, de la soumission qu'on exige à présent des prêtres pour qu'ils soient libres d'exercer leur ministère ? On nous dit cet acte de soumission conçu en ces termes :*

Je reconnais que l'universalité des citoyens est

le souverain, et promets obéissance et soumission aux lois de la république.

J'ai déjà répondu à peu près à cette question plus haut ; j'ajouterai seulement ici qu'elle est tolérée des uns et condamnée des autres, et de part et d'autre avec de bonnes vues. Elle est effectivement conçue en ces mêmes termes en quelques endroits ; en d'autres, seulement soumission aux lois de la république.

On exige cette soumission sans restriction, et les prêtres qui exercent publiquement l'ont tous prêtée. On ne l'exige point des religieuses ni des simples fidèles.

14° Que pensent de cette soumission les évêques qui sont demeurés ou rentrés en France ?

Je ne sais point la décision des évêques catholiques restés en France ; je n'ai même pas entendu dire qu'ils en eussent donné, ce qu'on aurait su certainement du côté de Paris. S'il y a des évêques en France, ils sont si bien cachés que rien ne transpire d'eux.

15° Donne-t-on pour vrai un certain Bref du Pape qu'on a lu dernièrement dans les papiers français, tendant à exhorter les catholiques de France à être soumis et fidèles au gouvernement actuel ?

Il était question de ce Bref avant notre départ. Peu de personnes y ajoutaient foi. Nous n'avons point su depuis les progrès qu'il peut avoir faits.

16 *Les évêques qui seraient demeurés en France peuvent-ils à présent se montrer ? Y. sont-ils en grand nombre, et quels sont-ils ? Auraient-ils publié quelques mandements ou lettres pastorales par la voie de l'impression ?*

Aucun évêque ne s'est encore montré depuis qu'il y a eu liberté de culte; mais il est très probable qu'il y en a dont j'ignore les noms et le nombre. Il n'a paru aucun mandement, lettre ou instruction publique. On a eu dernièrement un écrit (1) de Monseigneur l'évêque de Boulogne concernant la soumission qu'il désapprouve, mais c'était nouvelle particulière.

17° *Y-a-t-il actuellement des curés légitimes en possession de leurs églises à l'exclusion des intrus qui les possédaient ?*

Il y a des curés légitimes en possession de leurs églises, à l'exclusion des intrus, en vertu de la soumission.

18° *Parmi les vrais curés, y en a-t-il qui prêchent et même sur les matières controversées et qui ont trait aux affaires présentes ?*

On prêche publiquement à Paris, mais on est très réservé sur les matières qui ont trait aux affaires présentes. Les prières des prêtres s'y font, et on prie pour le Saint-Père et Monseigneur l'archevêque.

(1) Cet écrit est daté de Londres, 23 septembre 1795.

19° Porte-t-on les enfants à l'église pour y être baptisés?

On porte les enfants à l'église pour y être ,baptisés, ensuite à la municipalité pour faire dresser l'acte civil, ce que les prêtres font aussi de leur côté, mais pas aussi publiquement.

20° S'adresse-t-on aux vrais curés pour les mariages?

Les églises ouvertes ne sont point érigées en paroisses, et tous les curés ne sont pas dans la leur; mais les bons catholiques vont à celles qui sont dans leur canton.

21° Le divorce a-t-il pris faveur?

Il y a eu un décret qui rapportait le précédent; néanmoins le divorce a toujours lieu.

22° Le peuple se rappelle-t-il qu'il faut chômer, non les décades, mais les dimanches et les fêtes chrétiennes?

Les décades sont abolies excepté pour les autorités constituées. Les dimanches et fêtes sont observés publiquement. Cela n'empêche pas que le peuple n'accoure encore aux fêtes constitutionnelles ou païennes qui se font encore de temps en temps et auxquelles sont employées les églises qui n'ont pas été louées par les particuliers, contre la volonté de ceux qui l'occupent.

23° L'éducation, comment va-t-elle?

Elle a souffert considérablement, et s'il n'était pas

survenu un ordre de choses différent, la jeunesse eût été un monstre.

24° *Le simple peuple est-il toujours épris des maximes d'indépendance et d'irréligion qu'on lui avait prêchées ?*

Le peuple est l'instrument qui a agi le plus dans la Révolution ; et avec les mots d'indépendance et d'égalité on en a fait tout ce qu'on a voulu.

25° *Les collèges et maisons d'éducation ont-ils été conservés ?*

Les collèges ne subsistent plus. Lorsqu'il a été question des écoles primaires, on n'y enseignait que les principes constitutionnels. Les bons commencent à reprendre.

26° *Par qui sont administrés les hôpitaux ?*

La nation s'est emparée de tous les biens des hôpitaux. Il se trouve encore de bons administrateurs nommés, à ce que je crois, par les municipalités.

27° *Les fidèles qui ont recouvré leurs pasteurs pourvoient-ils à leur subsistance sans être contrariés par les autorités civiles ?*

Les fidèles qui ont recouvré leurs pasteurs ou quelque autre bon prêtre ont soin de leur subsistance, surtout dans les campagnes, sans qu'ils soient contredits en rien.

28° *Quel traitement a-t-on fait aux prêtres rentrés en France, qu'on a découverts?*

Il y a eu un temps où ils étaient condamnés à mort comme les émigrés.

29° *Que pense-t-on qu'auraient à craindre ceux qui rentreraient aujourd'hui et avant un décret de rappel?*

Toute personne sage conseillera à un prêtre qui voudrait rentrer en France de le faire, s'il le peut, sans être connu , quand même il y aurait un décret de rappel. Nous avons vu tant de haut et de bas sur l'article, que nous croyons qu'on ne peut mettre trop de retenue dans cette démarche.

30° *Depuis* 1792 *y a-t-il eu beaucoup d'écrits contre la religion et la discipline de l'Église et ont ils eu cours parmi le peuple et fait de nouvelles impressions sur son esprit?*

Depuis longtemps on n'entend plus parler d'écrits contre la religion , si ce n'est quelques mots qui se trouvent dans les journaux. Le peuple se lasse de tout cela quoiqu'il n'en soit pas meilleur.

31° *Y a-t-il encore des clubs?*

On ne les permet plus. Les Jacobins en tiennent encore quelquefois, mais secrètement.

32° *Les lettres venant de pays étrangers sont elles décachetées et lues par l'officier public aux personnes à qui elles sont adressées?*

Il n'y a pas encore longtemps qu'on décachetait les

lettres venant de l'étranger, même d'Espagne, quoique la paix fût faite. Un émigré ou un prêtre qui écri-
rait compromettrait la personne.

Les lettres de François Sabourin, pendant son exil,
vont nous faire pénétrer plus intimement dans son
esprit et surtout dans son cœur. La lettre en effet,
c'est-à-dire cette communication intime, cette conversation à distance de deux âmes, est par excellence,
et mieux encore que le plus familier tête-à-tête, la
chose où l'homme se trahit davantage et se fait connaître plus à fond. On se méfie ou l'on s'intimide
quand on est en présence ; il y a plus d'abandon
quand on ne se voit pas.

Poitiers, 22 septembre 1792. — La première
lettre que François Sabourin reçut pendant son exil,
ce fut celle de son neveu, Armand Sabourin, qui l'a-
vait conduit jusqu'à Bayonne, frontière d'Espagne,
dans un véhicule du temps. « Savez-vous, lui écrit-
il, que vous êtes fort heureux d'être arrivé sans accident jusqu'à la frontière, et que ceux qui vous ont
suivi ont été bien maltraités, tondus comme des
moines et dépouillés de leur numéraire ? On leur a
donné du papier au pair, sur lequel ils n'ont pu avoir
d'argent d'Espagne qu'avec trente-six de perte pour
cent... Nous n'avons ni l'un ni l'autre l'espoir de
nous convertir : ainsi, mettant à part notre opinion
politique, sur laquelle nos principes communs de
tolérantisme nous feront facilement fermer les yeux,

nous nous livrerons, sans accident, je pense, aux sentiments d'attachement et d'intérêt qui nous lient... (Pauvre Armand ! Il ne voit pas encore l'échafaud qui se dressera pour lui à Paris, sur la place de la Révolution, avant quinze mois, date fatale pour la famille Sabourin !...)... Adieu, mon cher oncle ; soyez aussi heureux que je le souhaite ; vous ne sauriez l'être davantage. Je fais les mêmes vœux pour les compagnons de votre exil. — Armand Sabourin. »

Logrono, 28 septembre 1792. — L'exilé à son frère, Joseph Sabourin. — ... « Vous pourrez dire à toutes les personnes qui peuvent s'y intéresser que je jouis, grâces à Dieu, d'une parfaite santé, d'une sûreté hors de toute atteinte ordinaire, et d'une liberté dont la jouissance m'est d'autant plus sensible que j'en avais fait un assez long carême. Je désire bien cordialement à tous mes compatriotes, et particulièrement à ceux que les liens de la nature me rendent plus chers, les mêmes avantages, de quelque espèce que soit l'ordre civil qui doit le leur procurer. Je rends grâces à la Providence de la célérité que j'ai mise à mon départ. Les confrères qui sont venus après moi, de tous les départements, ont subi des épreuves pénibles et très ignominieuses. Nous avons vu arriver mercredi dernier plusieurs Poitevins dont nous étions inquiets : entre autres MM. Lavigne, Guillemot, curé et chanoine, Brault, Barret de Buxerolles ; tous bien portants, mais déchar-

gés des deux cinquièmes de leur pécule, par l'échange
que MM. de Couhé leur en ont fait en assignats ;
après les avoir... la renommée vous l'apprendra..,
(et par le fait ils ont eu à subir de leur part des infa-
mies qu'on peut qualifier de sacrilèges!...) Bonjour,
mon cher frère ; arrangez-vous donc là-bas bien vite,
et m'annoncez une paix bien prochaine et bien ci-
mentée, à l'ombre de laquelle les joutes d'opinions
ne soient plus qu'un amusement que nous puissions
aller partager avec de vrais patriotes, comme j'en
connais dans les deux partis. »

Poitiers, 8 octobre 1792. — Joseph Sabourin à son
frère l'exilé. — « Ta lettre, cher frère, datée de
Logrono, le 28 septembre, m'est parvenue le samedi
6 octobre au matin. Tous ceux que, comme moi,
elle intéresse, sont on ne peut plus satisfaits
que tu aies terminé sans inconvénient ton voyage, et
de la tranquillité que tu peux goûter, s'il en est quand
on est ainsi éloigné de sa patrie et de ses proches, sans
être à même de prévoir l'époque où on pourra les
rejoindre... Notre ville est en ce moment très tranquille ; le choc des opinions semble entièrement dis-
paraître, depuis que les ecclésiastiques restants ont
satisfait à la loi du serment civique, ce qui les met
de niveau avec nous, puisque le premier serment
est détruit par celui-ci, et ce qui fait qu'ils ne parais-
sent plus avoir de répugnance à venir célébrer dans
nos églises paroissiales... »

Santo Domingo, 2 mai 1793. — L'exilé à son frère, Joseph Sabourin. — ... « Je suis toujours dans la même position que j'ai prise ici dès le commencement : vivant modiquement, jouissant de la meilleure santé et d'une profonde tranquillité, eu égard aux circonstances locales ; au fond bourrelé par la pensée continuelle des désastres sans nombre et peut-être sans terme où s'est plongée notre pauvre France. »

Poitiers, 10 mars 1793. — Joseph Sabourin à son frère l'exilé. — « ... La France touche au moment de la plus terrible commotion, et son sort est entièrement entre les mains du Dieu des batailles. *Si la noblesse et le clergé eussent mieux calculé les effets de leur résistance aux lois*, la France n'aurait pas été souillée de tant de désastres et elle aurait encore un roi... »

Santo Ildefonzo, 11 octobre 1795. — L'exilé à son père. — « Mon cher père, la paix conclue entre la Convention et la cour d'Espagne me rend en partie l'espoir de quelque communication avec vous : je dis en partie, à cause des circonstances naturelles et accidentelles qui ont affecté votre existence depuis trop longtemps, et je souhaite bien ardemment que Dieu les ait rendues efficaces pour votre salut.

« Je ne vous dirai rien de moi, sinon que je continue à jouir de la plus parfaite santé, et que, grâce à Dieu, il ne m'a rien manqué du nécessaire, conformément à ma condition de prêtre expatrié.

« Je réside depuis deux ans à Saint-Ildefonse, maison royale que la cour habite pendant les plus grandes chaleurs de l'été ; là j'attends et je demande chaque jour la conclusion prochaine d'une paix générale qui laisse aux esprits et aux cœurs les loisirs et les moyens de se réformer, pour prévenir jusqu'aux atteintes d'un nouveau fléau de ce genre.

« Père, frères, sœurs, neveux, nièces, recevez avec confiance l'expression de mon souvenir. L'intérêt que je mets au sort de chacun de vous ne peut être ni plus affectueux ni plus inquiet. Je me félicite aussi de pouvoir penser que je ne vous sais pas indifférent. Écrivez-moi, apprenez-moi tout ce que vous jugez devoir toucher mon amitié, ne prenez pas la peine de dissimuler ; il n'y a pas d'âme si sensible que nos cinq dernières années n'ont préparée *aux plus grands coups*. Je vous le répète, mes sentiments envers vous sont à jamais tout ce que peuvent et doivent inspirer les titres de fils, de frère et d'oncle... François Sabourin. » — Cette lettre est admirable de sentiments et aussi pleine de pressentiments, qui étaient hélas ! déjà réalisés !...

Poitiers, 12 novembre 1795. — Joseph Sabourin à l'exilé. — « Deux de tes lettres, mon cher frère, l'une datée de Santo Domingo, le 5 mai 1797, et l'autre de Santo Ildefonzo du 11 octobre dernier, nous sont parvenues dans l'espace de 8 jours. Cette distance de date est étonnante. Toujours est-il vrai que tu jouis du meilleur bien de la vie, qui est la santé, et que tu ne manques pas de ce qui est nécessaire à l'entretenir. Notre sort n'est pas le même : car le discrédit des assignats, qui a fait monter à un prix énorme toute espèce de marchandises, soit comestibles ou autres, nous réduit à une disette qu'on peut traiter d'indigence. Voici le pain à 15 francs la livre, et le reste à proportion. Juge à quelle privation il faut se restreindre, pour ne pas manquer de cette première subsistance. A cette calamité publique se joignent dans notre famille des calamités privées, passées et récentes. Notre neveu (Armand), 15 mois après son mariage avec la *citoyenne* (1) Chesnier, qu'il épousa dès qu'il fut de retour de te conduire, est tombé victime de la révolution, sous le fer tranchant du tyran Robespierre; il a laissé une veuve et une fille de quelques mois. Son père qui, dans les premiers jours d'octobre dernier, était allé pour emplette à Paris, n'a pas eu la satisfaction de revoir sa famille : une apoplexie catharieuse l'a moissonné tout à coup à Saumur, comme il s'en retournait (2). J'arrive tout récemment de voir sa veuve

(1) « La qualification de Monsieur étant abrogée, on écrit : au citoyen, le citoyen... » Extrait d'une lettre de Joseph Sabourin, 1792.

(2) Dans une lettre datée de Thouars, le 4 janvier 1792, il écrivait à son frère l'exilé : «... Si tu veux actuellement savoir ce que je suis dans l'ordre des choses actuelles : je suis 1er officier municipal, après avoir refusé la place de maire; troisième suppléant au tribunal du district, tant au civil qu'au criminel; de plus : j'ai fait un mariage au défaut de l'officier public ; mais quand tu me feras l'amitié de m'écrire, ne fais mention d'aucun de ces emplois sur ta lettre ; car je ne les ai acceptés que pour le besoin et l'intérêt de mes concitoyens. . »

et ses enfants mineurs, que j'ai laissés dans la plus grande consternation... »

De la Chartreuse du Paular, le 23 décembre 1795. — L'exilé à son frère. — « Ce que vous m'annoncez, mon cher frère, n'a pu me surprendre ; mais j'en suis profondément navré. Dieu soit béni quand même ! une famille serait peut-être trop heureuse, qui échapperait tout entière à un fléau si meurtrier, si prolongé, si universel. Heureuses les générations à venir, *pour l'instruction* desquelles la génération présente a bien voulu prendre sur elle la rigueur d'un tel exemple !

« Je trouve que vous me marquez un peu séchement les deux catastrophes qui nous affligent le plus. Les circonstances en seraient-elles toutes odieuses ? n'y en aurait-il aucune qui fût propre à tempérer l'amertume de nos regrets ? Faites-moi donc l'amitié de m'instruire avec quelque détail, autant que vous pouvez le faire sans compromettre votre liberté ou vos engagements civils, en un mot, sans aucune espèce de danger pour vous ou autre citoyen quelconque. Vous saurez toutefois que votre cachet m'est parvenu absolument intact.

« L'étonnante vigueur de notre père serait bien propre à flatter chacun de nous, si elle n'était mise à des épreuves aussi douloureuses. Présentez-lui de nouveau l'expression de ma vénération filiale, et les souhaits de tous les moyens de soulagement et de con-

solation les plus capables d'alléger le fardeau de sa
caducité.

On ne pouvait ignorer ici l'état de disette et la
cherté inouïe que vous éprouvez; ç'a été depuis longtemps, sinon la plus grande, du moins une des plus
notables causes de mon inquiétude sur votre position et celle de tous les nôtres. Je vous félicitais néanmoins de ce qu'il restait à notre père quelque peu
de fonds productifs que je regarde comme la seule
possession appréciable aujourd'hui pour tout citoyen
français. *Sed hæc quid inter tantos?*

« Sans doute, votre amitié seule et votre équité vous
font me consulter sur la destination de mes instruments (1); car je suppose que vos lois actuelles ne me
reconnaissent de droit à quoi que ce soit sur le territoire de la république. Quoi qu'il en soit, je ne les
avais pas tout à fait perdus de vue: présumant que
tôt ou tard la conclusion d'une paix générale, et peut-
être quelque tempérament aux décrets de proscription, qui nous tiennent écartés de la patrie, pourraient
m'inviter à y rentrer. Le travail des mains m'y serait
un préservatif nécessaire contre la faim, ou du moins
contre la mésaise; mais si tant est qu'on ne puisse les
soustraire aux injures du temps, par une attention
commune, négociez-les, si surtout leur produit, petit

(1) Ce sont ses instruments d'astronomie, de physique, chi-
mie, géométrie, horlogerie... J'ai en main, venant de lui, la
première machine électrique qui ait fonctionné dans Poitiers :
c'est un globe ovale en verre, frottant sur des coussinets, par
le moyen d'une manivelle.

ou grand, offre une ressource notable à la maison. Dans ces désastreuses conjonctures, ne doutez pas que je n'en fasse le sacrifice avec une joie sincère.

« J'écris aussi à notre belle-sœur. La situation de celle-ci particulièrement me paraît infiniment cruelle. J'ai grande envie de savoir ce qu'il y a à espérer ou à craindre de Pascal, son unique, hélas ! aujourd'hui ; dites-m'en quelque chose dans votre prochaine lettre.

« La distance de date de mes deux dernières lettres est facile à expliquer : elle est l'effet d'une précaution politique du gouvernement d'Espagne ou de France, ou commune à l'une et à l'autre, qui, se trouvant en état de guerre, a ordonné la détention des lettres dans les bureaux, et, ayant fait la paix, les a expédiées, ne fût-ce que pour en tirer le prix du port.

« Ma résidence ordinaire est toujours Saint-Ildefonse, mais je me trouve de ce temps-ci à un couvent de Chartreux, avec lesquels j'ai fait connaissance il y a environ dix-huit mois, à l'occasion du besoin qu'ils ont eu d'un *artiste* pour la réparation de leurs horloges ; ils m'ont engagé à passer cet hiver chez eux, pour continuer de leur rendre quelques petits services en ce genre.... »

De la Chartreuse du Paular, le 23 décembre 1795. —L'exilé à sa belle-sœur. « —Je viens d'être instruit de vos désastres, ma chère sœur, qui sont aussi les miens. Car je ne sais si vous pouviez être plus affectueusement attaché à votre époux et à votre fils que je ne l'étais à mon frère et à mon neveu. Il fallait que nous fussions bien redevables à la justice de Dieu, pour en éprouver tant de rigueurs ; mais espérons de sa bonté qu'elles n'auront été que des châtiments salutaires pour ceux qu'il a frappés, et des leçons encore profitables à leurs survivants.

« La pensée de votre situation, ma bonne amie, n'ajoute pas peu à la disgrâce de mon exil ; c'est surtout dans les malheurs qu'on a besoin de se trouver unis. Toutefois, fussiez-vous entièrement privée des moyens de consolation que la société, tant civile que religieuse, vous aurait offerts abondamment au temps de sa félicité passée, gardez-vous de vous livrer à l'abattement ; prenez quelque courage, et animez-le de plus en plus, surtout par des réflexions puisées dans des principes supérieurs aux ressources humaines. Je crois que vous m'entendez assez.

« Mes pauvres nièces ! que je les plains ! Comblez-les d'amitié de ma part. Dites-leur aussi de se former un grand attachement pour les occupations utiles que vous leur proposerez et de s'étudier à bien connaître ce qu'elles ont le plus d'intérêt à savoir et à pratiquer, afin de regagner en accroissement de vertu ce qu'elles peuvent avoir perdu en aisances. Notre frère ne nous parle point d'elles, non plus que de notre unique neveu : celui-ci surtout doit avoir grand besoin de conseils dans les conjonc-tures présentes ; il ne sera pas en peine de se les pro-curer, s'il veut faire usage de la bonne portion d'intelligence dont la Providence l'a favorisé. Les pertes qu'il vient de faire redoublent mon inquiétude sur sa destinée. Depuis longtemps je le présume sous les armes : daigne le Dieu des armées veiller sur ses jours et régler ses sentiments !

« Écrivez-moi, ma chère sœur, le plus prochainement et le plus longuement que vous pourrez. Marquez-moi tout ce qui peut intéresser le cœur d'un parent et ami sensible. — Sabourin.

« *P.-S.* Je réside présentement dans un fameux monastère de Chartreux, où les religieux m'ont engagé à venir passer l'hiver, pour leur rendre quelques petits services mécaniques, particulièrement en fait d'horlogerie à réveil, dont ils ont un besoin habituel. »

Poitiers, 28 janvier 1796. — Joseph Sabourin à l'exilé. — « La situation de notre père est en ce moment-ci fort critique et très menaçante ; le reste de nos proches est en assez bonne santé... Les papiers-nouvelles vous auront sans doute instruit du discrédit de nos assignats, qui sont au-dessous de 1 pour 100, ainsi que de la pénurie du numéraire, ce qui rend toujours la vie dure, jusqu'à ce qu'un heureux changement s'opère dans nos finances, ce qui ne peut être que le résultat d'une paix générale, que l'on présume être très prochaine. Amen. Amen. »

Poitiers, 31 janvier 1796. — Le même au même. — « Il faudrait vraiment, mon cher frère, être né parmi les cannibales, pour n'être pas sensible aux désastres et à la consternation qu'une révolution sans pareille a portés dans le sein de chaque famille. Un ambitieux (Robespierre), qui n'avait en vue que d'exercer son despotisme sur des brutes et des ignorants, avait juré la perte de tous les gens de mérite, de science ou de fortune, ainsi que de tous les individus appartenant aux castes ci-devant privilégiées. C'est donc victime de ses infernaux projets, et non pour aucun fait odieux, que notre infortuné neveu, ainsi que des milliers d'autres, sont tombés sous sa hache. Ce qu'il y a d'étonnant, c'est qu'il se soit fait des créatures dans la Convention qui, disséminées dans les départements, ont secondé sa barbarie, lui ont gagné des agents et semé partout la terreur. S'il eût vécu encore quelques jours, la moitié de la France aurait à pleurer l'autre. Est-ce le ciel ou l'enfer qui s'est déchaîné contre nous ?... »

De la Cartuja del Paular, 18 février 1796. — L'exilé à sa belle-sœur. — « Je trouve un nouveau motif de partager le sentiment de vos malheurs, ma chère sœur, dans l'exposition que vous m'en avez faite vous-même. Ah ! je ne conçois que trop aisément jusqu'où pouvait aller votre désolation, puisque les pertes qui en sont la cause nous sont communes. Les objets ne me touchaient qu'à un degré de moins que vous, selon la nature : j'ai donc pu mesurer votre affliction par la mienne.

« Les conséquences, je le sais, portent sur vous particulièrement et sur les faibles restes de votre famille. Le poids en est d'autant plus lourd que le fléau qui ne cesse de frapper la France vous avait déjà enlevé jusqu'à l'espoir de ces ressources qu'on trouve d'ordinaire auprès de parents et d'alliés.

« Que faire dans ces conjonctures si accablantes ? lever les mains vers le ciel, seule source de toute consolation. Vous pouvez n'en pas recevoir pour dédommagement des biens naturels et sensibles : ce n'est pas non plus ce que nous devons solliciter ; nous serons richement dédommagés s'il nous accorde la grâce d'une entière résignation à ses volontés, l'intelligence de ses vues sur nous, une parfaite conformité de nos mœurs avec ses préceptes, une ferme confiance dans ses promesses, une souveraine estime des biens du ciel à nous inconnus mais certains ; d'où suit une heureuse facilité à borner des attachements humains, et les mouvements d'une affliction excessive ; d'où suit encore un plus grand courage pour de nouveaux sacrifices, jusqu'à celui de soi-même.... — Il vous semblera peut-être que je me plais à vous faire un sermon. Non, je n'ai pas le don de prêcher ; mais j'ai, à coup sûr, celui d'aimer la vérité, pour moi et pour les autres ; je ne fais donc ici que répéter quelques principes de notre doctrine chrétienne, pour notre utilité commune, et cette doctrine sera toujours, quoi qu'il arrive, le meilleur entrepôt où nous puissions nous approvisionner de conseils, de consolations et de force d'âme au besoin.

« Je ne sais sur quel pied est la liberté de parler, d'écrire et d'agir en matière de religion, aujourd'hui parmi vous. Si vous ou Pascal pouvez, sans danger pour votre repos, me marquer ce qu'il en est, et surtout comment s'arrangent les citoyens et citoyennes qui *s'opiniâtrent* à demeurer catholiques romains, ce sera une petite satisfaction dont je vous serai obligé...

« Nous reverrons-nous, ma chère sœur? Il semble, à votre façon de parler, que je ne dois pas désespérer. Pensez-vous que la paix qui se traite étendra ses faveurs jusqu'aux exilés pour cause de religion ? Ainsi soit-il. Salut, santé et consolation à toute la maison. »

De la Chartreuse du Paular, 1er mars 1796. — L'exilé à son frère. — «... J'admire avec une satisfaction toute particulière l'heureuse résistance de notre cher père aux divers assauts qu'il vient d'éprouver. Dieu veuille m'accorder cette consolation ; que cette vigueur de tempérament le conduise au temps où je pourrai partager avec vous les soins de la charité filiale ! Il est peut-être encore bienéloigné, ce temps ; peut-être même n'est-il pas à venir. Quoi qu'il en soit, je ne cesserai du moins de lui rendre les devoirs dont nulle puissance ne peut m'interdire l'exercice, en sollicitant chaque jour de la miséricorde divine qu'elle le dispose à mourir de la mort des justes. Rappelez-lui de nouveau l'expression de mon respect et de ma tendresse.

« Je me bornerai à écrire lettre pour lettre, vu que la confiance civile et politique peut n'être pas encore bien ferme, et que le moindre mouvement inattendu dans le sein de la république peut rendre tout suspect et exposer de nouveau ce reste de liberté dont les honnêtes gens se félicitent encore. Le défaut de signature, dans votre dernière sans apparence de motifs plausibles, semble autoriser cette réserve.

« J'ai reçu réponse de notre belle-sœur. Que de disgrâces se sont accumulées sur cette pauvre veuve ! Son Pascal m'a aussi écrit. Je crains bien que le voisinage des *reluctans* de l'Ouest ne l'expose au fer et au feu, dont il a été à l'abri jusqu'à présent...

« Si quelques-uns de mes coexilés écrivent fréquemment au pays, c'est, je pense, qu'ils écrivent à différentes personnes qui les ont probablement prévenus, et à qui ils savent *quel langage tenir* ; c'est qu'outre l'avantage de savoir l'état d'une famille, ils ont celui de s'entretenir avec *ouverture de sentiment* sur l'état actuel de la religion dans leur patrie : objet sur lequel *une heureuse conformité de principes entre eux et leurs connaissances* provoque des questions, des réponses, des avis, des encouragements, des consolations, etc., dans l'ordre de la conscience et du salut.... » (Quelle leçon pour le schismatique !)

Poitiers, 5 avril 1796. — Joseph Sabourin à l'exilé.

— «.... Il faudrait bien des pages pour faire un récit exact de l'état de la religion en France. La liberté décrétée des cultes est une liberté bien entravée ; *mais la division qui règne entre les ministres* nuit encore bien plus à cette même religion que les lois de la république. La paix seule, que l'on dit toujours très prochaine, peut rapprocher et réunir les ministres qui se trouvent au dedans et au dehors de l'État.

« Les relations de connaissance et d'amitié sont bien affaiblies. On vit pour ainsi dire isolé ! l'ami, jadis le chaud, s'il daigne aujourd'hui vous regarder, ne vous regarde que de travers. Les anciennes connaissances sont dispersées, éloignées, détenues, ou moissonnées par une mort naturelle ou civile.... »

26 janvier 1797. — Joseph Sabourin à l'exilé. — (Sous le pseudonyme de Narbousin, négociant, il sera facile de deviner le vrai sens de cette lettre simulée.) « Votre correspondante de Thouars, Monsieur, m'a fait part des offres que vous lui faites de laine de Ségovie. Il y a si longtemps que je n'avais ouï parler de vous que je croyais que vous ne faisiez plus cette branche de commerce. J'en userais volontiers, comme autrefois, si la main-d'œuvre ne nous manquait absolument. D'ailleurs, de fâcheuses circonstances, un père octogénaire et très infirme, une sœur mourante d'étisie, qui absorbent tout mon temps, m'empêchent de vaquer aux affaires de com-

merce comme ci-devant. Il pourra revenir un temps
où je renouerai celui que nous faisions ensemble, il y
a quelques années.

« Attendant ce plaisir, j'ai celui de vous assurer de
mon attachement, de vous désirer une parfaite santé
et d'être tout à vous. — Narbousin, négociant. »

San Ildefonzo de la Granja, 27 mai 1797. — L'exilé
à son père. — « Mon cher père, à mesure que le
nombre des ennemis de la république diminue, je
conçois plus aisément l'espoir de notre rapprochement, et de vous rendre de nouveau les devoirs que la
nature et la religion m'imposent ; pour cette fin, je
demande souvent à Dieu qu'il daigne prolonger votre
existence et alléger le poids de votre caducité ; mais
l'objet de mes instances est surtout qu'il vous éclaire
de plus en plus sur les moyens de sanctifier vos nombreuses infirmités, et vous inspire le recours assidu à
ces moyens qui, comme vous le savez, se puisent et
ne peuvent se puiser ailleurs que dans la foi en Jésus-
Christ, dans l'espérance des biens de la grâce et de la
vie future, que le prix de sa satisfaction pour les pé-
cheurs assure à tous ceux qui recherchent Dieu sincè-
rement, l'aiment souverainement, et le servent selon
l'enseignement que vous avez eu le bonheur de recevoir, pendant tant d'années, *des vrais dépositaires de
sa doctrine et de son autorité.* Les nuages qui passent,
malgré vous, sur cet enseignement, vous l'ont, pour
un temps, fait perdre de vue ; j'ai la confiance que la

bonté de Dieu les a dissipés, et que vous aurez déjà
éprouvé les effets de son indulgence.

« Faites-moi savoir, je vous prie, si vous avez encore
la faculté de prendre l'air de la campagne, et l'agrément de vous occuper de ses productions, dans votre
propriété de la Payre (près Jaulnay). »

Poitiers, 21 juin 1797. — Joseph Sabourin à l'exilé.
— « Je réponds, mon cher frère, à ta lettre du 22 mai
dernier, à notre belle-sœur, et à celle de notre père,
du 27. La tournure de ma lettre, que je fis passer par
Thouars, était calquée sur le style de la tienne à notre
sœur : style purement de négoce, parce qu'il n'y avait
de *transit* que pour les lettres de commerce, et je t'en
présumais bien informé, puisque c'est le style que tu
avais d'avance employé toi-même.

« La paix générale est comme assurée : elle touche à sa
conclusion avec l'empereur, à la suite de préliminaires
signés depuis plus d'un mois. L'Angleterre la négocie
à Lille en Flandre, après quoi il est question d'un
congrès pour régler et discuter les intérêts des différents princes allemands et autres ; enfin Bellone est en
ce moment en repos, ce qui n'est pas peu consolant
pour l'humanité.

« Quant à la religion, il n'y a que les prêtres soumis
aux lois qui puissent exercer leur ministère dans les
temples publics, et seulement dans l'enceinte desdits
temples et non au dehors ; les non-soumissionnaires
continuent toujours à l'exercer dans les maisons privées

avec une clandestinité qui n'est rien moins qu'occulte ; mais il va y avoir incessamment un décret qui va permettre aux cultes plus de latitude, et régler sa police extérieure ; le rapport en est déjà fait ; on n'en attend plus que la discussion et le résultat.

« Le rapport des lois révolutionnaires est aussi décrété ; il ne s'agit plus que d'en faire l'examen , pour les rapporter particulièrement. Par là toutes les lois de rigueur sont abrogées et supprimées , à l'exception de celles relatives aux émigrés... Je ne pense donc pas qu'il y ait aucun risque pour toi à tourner tes pas vers ta patrie , quoiqu'il y ait toujours deux partis très opposés, la démocratie et l'aristocratie, ce qui rend la société nulle et isolée. On m'a dit l'abbé Braud, le curé Gauffreau et autres, de retour ; mais je ne les ai point encore vus , ce qui fait que je ne puis l'affirmer.... »

San Ildefonzo , 29 juillet 1797. — L'exilé à son neveu Pascal. — « J'ai reçu dans les premiers jours de ce mois une lettre de ton oncle, mon cher neveu , par laquelle il répond effectivement tout à la fois aux deux miennes, celle à ta *maman*, et l'autre adressée peu de jours après à mon père. Dans cette réponse, il m'annonce la mort de notre pauvre sœur (Dieu lui fasse miséricorde !) que je savais depuis environ, deux mois , par voie indirecte. Par cette réponse encore, père et frère m'invitent à effectuer mon rapprochement le plus tôt que je pourrai , persuadés que je ne courrai aucun risque aujourd'hui à tourner mes pas vers la patrie, puisque les lois violentes faites pour assurer la révolution sont révoquées. La plupart des prêtres expatriés reçurent dans le même temps cette nouvelle, avec un commencement de consolation qu'un décret très prochain, marquait-on à plusieurs, touchant les prêtres déportés et la liberté de leur ministère, allait rendre complète. On assurait même que ledit décret aurait été porté lorsque la nouvelle de sa proposition nous serait parvenue ; on trouve apparemment qu'il demande une discussion longue et bien réfléchie. J'en juge de même aussi, si c'est qu'on ait en vue, par la clarté et la force de sa teneur, de prévenir les iniquités et peut-être les nouveaux attentats que nous aurions à appréhender de la multitude des impies qu'une horreur particulière pour la religion catholique tient toujours en fureur contre ses ministres.

« C'est l'attente de ce décret d'un courrier à l'autre, qui me faisait différer de t'écrire, dans la vue de te faire savoir positivement le parti que j'aurais pris. Le décret est encore attendu ; dès que j'aurai connaissance de son émission et que j'en comprendrai bien les clauses, s'il n'en contient aucune que *la rigueur des principes* défend de paraître approuver par un retour trop immédiat, je ferai toute diligence pour aller partager avec vous tous, mes chers amis, la tristesse de notre situation. »

Poitiers, 9 mars 1798. — Joseph Sabourin à l'e-

xilé. — « . . La brèche que la Révolution a faite à
la petite fortune de notre père nous met dans le cas
de vivre avec bien de l'économie ; mais nous saurons
nous contenter de peu.

« J'ai bien un traitement de 1,000 fr. de la république ; mais les besoins dévorants de la guerre épuisent
le trésor public, ce qui fait qu'en ce moment nous ne
touchons qu'un quart en numéraire et le surplus en
effets nationaux, qui se réduisent pour ainsi dire à
zéro : encore ce paiement est-il arriéré de deux
années.

« J'exerce le ministère public religieux à la cathédrale ; mais ce ministère est purement gratuit, *et pro
Deo*.

« Si nous avions par devers nous un peu de *quantum*, nous ferions de manière à t'y faire participer ;
mais le numéraire est si rare que les plus opulents en
ont à peine pour suffire aux premiers besoins de la
vie.. . »

Poitiers, 27 décembre 1799. — Le même au
même. — « .... Ce n'est pas sans fondement que le
bruit d'un mouvement important dans la république
s'est propagé jusqu'à vous. Il a récemment eu lieu
par l'énergie de Bonaparte. Ce loyal et brave héros,
trouvant, à son retour en France, le gouvernement en confusion, par des factions et des autorités rivales qui ne tendaient qu'à se détruire mutuelle-
ment, a cru, après s'être assuré l'appui de ce qu'il y

avait de mieux pensant dans les deux Conseils, devoir étouffer ces hydres rugissantes, en changeant la face du gouvernement et en donnant une nouvelle charte aux Français, ce qui a été exécuté sur l'heure : en faisant retirer nos représentants à Saint-Cloud, et en ajournant leur union jusqu'au 1er ventôse prochain, sauf une Commission provisoire composée de 25 menbres pour chacun des deux Conseils qui en conservent les attributs. Cela fait, voici ce qui s'en est suivi : la république sera désormais gouvernée par trois consuls, dont Bonaparte est le premier, avec tout le pouvoir d'un généralissime des armées de terre et de mer, et 500,000 fr. de traitement. Ses deux autres collègues, qui semblent n'être que ses mannequins, ont chacun 150,000 fr. Près d'eux, 30 conseillers d'État à 25,000 fr., plus un Sénat conservateur, composé de 80 membres, aussi à 25,000 livres chacun. Plus un Tribunat de 100 membres, à 15,000. Enfin un Corps législatif de 300 membres à 10,000 livr. Tels sont les nouveaux suppôts et premiers rouages de la machine... Viennent ensuite les communes, les cantons et les départements, qui seront fort restreints. A peine cette 4e Constitution est-elle présentée à l'acceptation du peuple dans les départements, qu'elle est déjà en activité à Paris. Par cette Constitution, les émigrés restent toujours bannis à perpétuité ; mais il n'y est point question des déportés : ce qui fait espérer que dans peu on pourra les rappeler, comme on a déjà rappelé ceux qui l'ont

été à des époques plus récentes. On prépare encore
la guerre avec vigueur, et la campagne prochaine
sera terrible, si la paix n'en arrête les désastres. On
prend aussi de fortes mesures contre la Vendée
et les *Chouans*, qui ont recommencé leurs ravages

« J'ai peine à écrire, ayant les yeux pleins de larmes
par un rhume de cerveau, et le cœur navré du spectacle que j'ai eu aujourd'hui sous les yeux, en assis-
tant deux condamnés, de cinq, au supplice. Mais je le
soulage par la pensée que probablement, sous peu de
temps, il te sera libre de te réunir à nous, qui, en te
réitérant les sentiments d'affection que la religion
commande et que la nature inspire, te souhaitons
un commencement de siècle plus heureux et plus
tranquille que la fin de celui qui va nous échapper. »

Valladolid, 14 juin 1800. — L'exilé à son frère.
— « Encore six mois écoulés sans que je vous aie
donné de mes nouvelles ! Je conviens, mon cher
frère, que c'est trop céder à ma paresse ordinaire
pour écrire, lorsque je n'ai rien de sérieux à marquer.

« Vous m'instruisîtes, au mois de décembre, du dé-
rangement de votre santé, puis, en même temps, de
son rétablissement. Je me plais à supposer que ce
rétablissement se sera soutenu ; comme je désire qu'il
se soutienne jusqu'au terme d'une longue carrière,
aussi heureuse dans sa fin qu'elle a été *fâcheuse*
dans une partie trop notable de son cours.

« Je vois avec un commencement de consolation que l'état de frénésie qui a *décaractérisé*, pendant ces dix dernières années, notre esprit français, se tempère sensiblement; que la pensée, le jugement, la foi, etc.... ne sont plus si comprimés que sous les dominations précédentes, et que chacun peut revenir et s'attacher à la vérité, au moins sans encourir les violences du martyre, ni peut-être la perte de sa liberté. Cette modération peut bien se considérer, dans l'ordre du salut, comme un secours extérieur offert par l'arbitre des nations et des particuliers, à ceux qui le croient et le craignent encore. Daigne sa clémence y ajouter les autres grâces nécessaires pour en assurer l'effet !

« J'ai été longtemps, mais toujours en vain, dans l'attente de pouvoir vous indiquer un moyen de correspondance pour les effets que vous étiez disposés à me faire passer. Ensuite je ne sais quelle apparence d'un prochain retour de l'ordre et de la justice a soutenu ma patience ; et je tâche, en attendant, de me former à un régime qui comprenne le moins de besoins possibles. Quoiqu'il arrive, comme cette apparence ne m'impose pas une confiance telle que celle que j'ai en votre amitié et à l'intérêt que vous mettez à ma manière actuelle d'exister, je persiste dans la demande que je vous ai faite ci-devant de me composer une malle : la majeure partie en linge, linge de corps, de lit, de table et même d'église, s'il se peut (on ne nous présente ici que des aubes

pourries, et le plus souvent très pouilleuses), pour
la tenir prête à expédier par la première voie que je
vous indiquerais ou que vous auriez jugé vous-
même à propos de prendre, dans le cas où l'on per-
sévérerait à maintenir le décret de déportation, ou
qu'on attacherait à la révocation quelque condition
anti-catholique.

« Instruisez-moi le plus clairement que vous pourrez de ce qu'on entend parmi vous par liberté de
culte, et de la part qu'a le *culte vrai* (de grâce, ne vous
offensez pas de la *distinction* que j'établis ici, mais
soyons ensemble, je vous en conjure, ce que nous
avons été dès le commencement), le culte vrai, catholique, romain, à cette faveur. J'entrevois dans la
forme sous laquelle cette liberté est déclarée, ainsi
que dans la marche des autorités, une amphibologie
que le style propre des lois n'admet pas, et qui semble tenir du piège. Je suis bien éloigné de calomnier
les intentions des maîtres actuels de la France ; mais
on conviendra que si les déportés usent d'une grande
circonspection, ils sont bien payés pour cela.

« Marquez-moi de nos sœur et nièces tout ce qui
peut intéresser mon affection pour elles. Les deux
plus jeunes sont aujourd'hui tout autre personnage
que ce que je les ai laissées ; je ne puis m'en former
une idée que d'après un tableau naïf, tel que je vous
prie de me le tracer dans votre prochaine lettre.

« Lorsque vous vous entretiendrez avec des citoyens
de Monticrneuf, faites-moi l'amitié de me rappe-

ler à leur souvenir et de les assurer que je les ai tous les jours présents dans ma mémoire devant Dieu, en général, et en particulier ceux que j'ai eu l'agrément de connaître. »

Poitiers, 24 juillet 1800. — Joseph Sabourin à l'exilé. — « Je fais violence, mon cher frère, à ma débile vue, fatiguée par des brouillards ou tourbillons, qui depuis six semaines m'en rendent l'usage très pénible, pour répondre à ta dernière du 14 juin, qui a mis fin à l'anxiété dans laquelle ton silence nous a laissés pendant quelques mois : vu que tes coexilés n'ont pas cessé pendant ce temps de correspondre avec leurs familles.

« Assurément la domination actuelle est plus favorable que les précédentes à la liberté d'agir et de penser ; mais elle n'a point encore atteint ce degré de latitude, auquel la paix seule, que les succès récents de notre république et les revers de la coalition rendent comme certaine et indubitable, peut la faire arriver. Cette époque de la paix n'est pas nécessaire pour que les prêtres déportés puissent rentrer dans leur patrie ; ils le peuvent dès maintenant, en promettant fidélité à la constitution de l'an VIII, bien qu'ils n'aient pas fait tous les serments précédemment exigés, étant tous déclarés nuls et non avenus. Malgré cela, nos réfractaires temporisent encore et ne s'empressent pas de faire cette soumission au gouvernement, mais continuent l'exercice de leur minis-

tère d'une manière occulte dans des maisons privées,
ce qui peut inquiéter le gouvernement et le faire
sévir contre eux.

« La liberté du culte est restreinte dans l'intérieur
des temples, où nul n'a le droit de le troubler, et
rien au delà des murs qui le distingue ; le ministère
du dehors doit être occulte, et rien qui l'annonce en
public. En général, la religion est peu suivie ici,
le peuple démoralisé, les prêtres peu vénérés, pour
ne pas dire méprisés : ce qui rend le ministère en-
nuyeux et rebutant.... »

Valladolid, 6 septembre 1800. — L'exilé à sa belle-
sœur. — «... A l'intrépidité avec laquelle je vois plusieurs de mes confrères les déportés s'enfourner
dans la république, en vérité je me sens aussi tenté
de franchir le pas ; mais pour peu que j'y réflé-
chisse, des considérations impérieuses m'arrêtent.
Il est probable qu'aux motifs naturels qui parlent au
cœur, se joindra tôt ou tard la raison du devoir
suffisamment fondée et connue. Alors, à l'abri de tout
reproche de précipitation et de témérité, y eût-il
encore des dangers à courir, je m'empresserai d'aller
faire, comme ministre de la religion catholique, le
peu de bien dont je serai capable, en jouissant du
plaisir de me revoir auprès du petit nombre de proches et d'amis que la Providence m'aura conservés
entre les débris de la patrie.

« Je suis bien aise que vous n'ayez pas de mal à me

dire des chères nièces ; cela me laisse la liberté de
croire qu'on en peut dire du bien, les pauvres peti-
tes ! Ainsi que le très grand nombre de leurs compatriotes, elles sont exposées à des méprises bien dan-
gereuses, sur des points de la plus grande importance.
Dieu veuille les favoriser d'un heureux discerne-
ment !

« Y aurait-il quelque inconvénient pour vous, ma
bonne amie, à satisfaire ma curiosité sur les dispositions de notre paroisse de Montierneuf relativement à la religion? c'est-à-dire en combien de sectes
elle est divisée (car, à coup sûr, là comme ailleurs,
tous ne marchent pas sur la même ligne). Quel est
le parti qui y domine? qui sont les prêtres qui diri-
gent chacun de ces partis, et en particulier ceux qui
vous paraîtront travailler comme tenant ma place
et conformément aux principes que vous me connaissez? Je désirerais savoir également si on connaît
à ne pouvoir s'y méprendre, des délégués de Mgr
l'archevêque de Bordeaux ou de la cour de Rome
au diocèse de Poitiers, et qui ils sont, s'il n'y a pas de
danger à les nommer.... »

Poitiers, 1 novembre 1800. — Joseph Sabourin à
l'exilé. — «... J'aurais tâché de ménager quelques
pistoles, pour t'en aider; si même ou trouvait aisément de l'argent à emprunter, je le ferais encore ;
mais on n'en trouve qu'à un taux promptement rui-
neux pour l'emprunteur, vu que depuis que le

gouvernement a déclaré l'argent marchandise, l'usure est montée à un tel point, qu'on ne trouve d'argent qu'a 9 ou 10 pour 100 par mois. Cet infâme agiotage fait un Crésus contre 30 à 40 familles qu'il réduit à l'hôpital. Jamais l'apostrophe de *O tempora! o mores!* n'a été plus applicable qu'à nos jours.

« Nos victoires à l'extérieur et sur les frontières ont repris le cours que l'absence de Bonaparte semblait avoir interrompu ; et l'arrivée de ce héros à Paris est, au jugement des politiques, un présage certain d'une paix prochaine pour toute l'Europe. *Fiat! fiat!*

« Quant à l'intérieur, les départements sont de nouveau troublés par *les Chouans et les brigands* de la Vendée, qui ont déjà fait des incursions non loin d'ici. C'est pourquoi nos administrateurs font des préparatifs de défense contre leur approche de cette ville. Ils ont déjà dépassé Airvault... »

Valladolid, 13 décembre 1800. — L'exilé à son frère. — «... L'état des ministres de l'Église, tel que vous me l'aviez exposé, me paraissant encore indéterminé, je laissais à votre jugement s'il était bon ou non de m'expédier les ustensiles dont je vous avais manifesté le besoin, parce que vous pouvez connaître les vues du gouvernement, *comme les principes auxquels je suis attaché.* La liberté religieuse semble avoir acquis depuis, une latitude un peu plus accommodante, à en juger par la confiance avec laquelle un grand nombre de mes confrères se sont rendus aux invitations de leurs parens, amis et paroissiens. Le nombre en serait bien plus grand aujourd'hui, sans cet impénétrable cordon que vous avez tendu le long des Pyrénées, aux fins, dit-on, de prévenir la communication de cette peste, qui a fait, à la vérité, des ravages épouvantables; mais à 200 lieues de là, dans une partie de l'Andalousie d'où la vigilance des provinces voisines n'a laissé sortir quoi que ce soit. Cette difficulté présente, celle de la saison et autres inconvénients me forcent encore à différer mon retour auprès de vous. Dieu veuille qu'avec la peur de la peste et l'intempérie de la saison, se dissipent les divisions et les rancunes politiques et civiles qui rendent encore, ce semble, l'entreprise hasardeuse et le pas périlleux.

« Rendez-moi de nouveau le service de me donner une idée vraie, autant qu'il est possible, des dispositions actuelles de votre tribunal relativement aux ecclésiastiques.

« Je désire aussi qu'à l'occasion vous me rappeliez au souvenir de tous ceux que vous croyez être encore mes amis.... Quelle consolation si, avec le siècle auquel nous touchons, renaissait le bon vieux caractère social qui le fait tant regretter ! Dieu nous fasse cette grâce, entre autres dont nous avons un si pressant besoin... »

Valladolid, 28 janvier 1801. — L'exilé à sa belle-sœur. — « .... Je me réjouis de pouvoir être persuadé plus que jamais que vous et mes nièces êtes dans *la voie sûre* ; et je vous sollicite, quelque chose qui arrive, à ne jamais rien céder au respect humain, ni à la crainte des mauvais traitements *du méchant parti*, s'il venait à se relever et à dominer. Vous devez être à l'épreuve des grands sacrifices, après les coups dont vous avez été frappées.

« Un autre point sur lequel j'ai bonne envie d'être éclairci, c'est en quoi consiste, je ne dirai pas notre fortune, la loi ne me permet plus de parler de cet objet comme *commun*, mais quelles sont les possessions qui vous restent, à mon frère et à vous... Ne croyez pas que ce soit la crainte de ne pas trouver dans la patrie nos anciennes aisances, qui fasse naître en moi cette curiosité: je ne compte, pour le reste de mes jours, que sur l'absolu nécessaire, et la Providence l'offre partout aux honnêtes gens. Cependant, comme elle veut être secondée par ses intéressés, je crois devoir m'informer sur quoi je puis fonder l'espoir de ma subsistance, en retournant à Poitiers: dans la vue d'y exercer mon ministère, en faveur de la partie du peuple à laquelle je suis *canoniquement* lié, et qui, à coup sûr, n'est pas mieux en état d'entretenir ses ministres que du temps de la monarchie... »

Poitiers, 3 février 1801. — Joseph Sabourin à l'exilé. — «... J'attendais de jour à autre à t'annoncer la publication de la paix, mais elle n'a point encore eu lieu, bien que tous les papiers-nouvelles publient que les préliminaires en sont signés à Lunéville par les plénipotentiaires respectifs de la république et de la cour de Vienne : ainsi l'espérance de l'Europe entière ne doit pas tarder à être satisfaite.

« *La liberté du culte est toujours la même : c'est-à-dire que les ministres qui ont fait* et qui font la promesse de fidélité à la Constitution actuelle peuvent exercer leur ministère dans les églises qui sont ouvertes, mais seulement *intra muros templi*, *non extra*. Les prêtres non soumis le font toujours en maison privée ; mais pas toujours avec trop de prudence, pour ne pas s'épargner, peut-être, tôt ou tard, quelque désagrément...

« L'union sociale, amicale et religieuse, toujours un peu aliénée par les opinions, ne peut être que l'un des bienfaits que chacun espère devoir résulter de la paix qui va signaler le commencement du nouveau siècle, que nous te désirons tous, ainsi qu'à nous, plus prospère... »

Valladolid, 28 avril 1801. — L'exilé à toute sa famille. — « ... Si mon retour vers vous avait pu être déterminé par le désir de vous revoir, je jouirais depuis longtemps de cette satisfaction. L'inconvénient est que je suis autre chose que frère et oncle. Je voudrais faire une démarche régulière sous tous les rapports, et spécialement sous ceux du ministère ecclésiastique ; je connais les moyens qui ont réussi.

heureusement à un grand nombre de confrères, dont je sais que de bons citoyens s'empressent de mettre le zèle à profit. Pour moi, je n'ai pas encore osé tenter les expédients, tant parce que je suis maladroit en fait de détours, que parce que j'ai craint que les suites ultérieures en fussent funestes. Celui que vous m'avez proposé est sûr, civilement parlant ; mais je sens trop le prix de la liberté religieuse pour m'accommoder des clauses équivoques et gênantes des passeports ministériels. Quoi qu'il en soit, je ne perds point confiance, et j'entrevois avec consolation que le gouvernement n'est plus si éloigné de concilier ses intérêts avec l'affaire de notre conscience. Cet espoir d'une conclusion prochaine qui me permette de voyager par la France, *sans dissimulation et sans lâcheté*, me flatte infiniment.

« Vous allez voir, si vous ne l'avez déjà vu, un nouvel allié à la famille des Bourbons ; il est parti d'ici hier, et va, en traversant la France, prendre possession du petit royaume que lui ont négocié en Italie, son beau-père et Bonaparte. Le spectacle sera vu avec des yeux bien différents, sans doute, les uns des autres, parmi vous....

« Dieu veuille que nous nous voyions au premier jour, unis et réunis à tous égards, sous le règne d'une paix inaltérable ! »

Valladolid, 12 juillet 1801. — L'exilé à son frère. — « Dès le mois de mai j'étais disposé, mon cher frère, à aller vous faire savoir de mes nouvelles par moi-même en personne : la facilité avec laquelle un grand nombre de déportés étaient passés en France et y existaient sans être forcés à aucune formalité rebutante, et certaine apparence de négociation entre le Souverain Pontife et le consul, me faisaient présumer que notre cause allait prendre quelque faveur. Par malheur, cette facilité de repasser ne s'est pas soutenue; et la négociation, *loin de se réaliser, a perdu même de son apparence*; j'ai donc cru devoir demeurer encore quelque temps en observation. Aujourd'hui on répand qu'un nouvel envoyé de Sa Sainteté auprès du consulat va conclure un arrangement quelconque. On compte beaucoup sur *le 14 juillet*, jour fait pour être signalé sous le régime actuel, par quelque trait consolant. *Quoi qu'il arrive, je veux essayer d'aller reconnaître de près* et par moi-même l'état des [choses ; *mais comme elles sont encore susceptibles de chances très opposées du soir au matin*, j'ai dessein d'user *d'un innocent stratagème pour lequel je compte* sur l'industrie de votre amitié, aux fins d'éluder les fatigantes exactions auxquelles je pourrais me trouver exposé à titre d'ecclésiastique : il s'agirait d'obtenir de la munipalité d'un endroit que je connaisse, tel que Poitiers, Thouars ou Niort, un passeport à peu près dans la teneur que voici :

« Laissez passer le citoyen François Sabourin, ouvrier horloger, âgé de 52 ans; et s'il faut un signalement celui-ci : taille de cinq pieds ; visage ovale, coloré et marqué de deux cicatrices, l'une au-dessous de l'oreille et l'autre au bas de la joue gauche ; front découvert, les yeux et cheveux chatains ; lequel nous a déclaré vouloir faire un voyage en Navarre et jusqu'à Pampelune en Espagne, pour affaires de sa profession....

« Muni d'une telle pièce, il me semble que je pourrais sans obstacle m'introduire dans la république, et séjourner avec sûreté dans quelque ville de la frontière, d'où je reprendrais notre correspondance, pour aviser aux mesures ultérieures à prendre, pour *réaliser notre parfait rapprochement. Voyez donc si* l'expédient est praticable, et le mettez sans délai à exécution. De mon côté, sans attendre cette pièce à Valladolid où vous me l'adresserez, je vais me mettre *en marche : elle me sera envoyée d'ici au lieu que* j'aurai indiqué ; et si j'apprends quelque chose de plus favorable, je pousserai ma pointe tout bonnement, en présentant, au cas requis, mon passeport de déportés.

« Bonjour et bonne santé : au plaisir de nous revoir, chers frère, sœur et nièces. — SABOURIN. »

« P.-S. Je n'ai pas eu la satisfaction de trouver un seul Poitevin de ma connaissance, parmi les 15 à 16 mille républicains qui viennent de défiler par ici. »

Poitiers, 5 août 1801. — Joseph Sabourin à

l'exilé. — «..... Les préfets de chaque département, qui équivalent aux ci-devant intendants, sont seuls autorisés à donner des passeports pour l'étranger, et les municipalités pour l'intérieur de la république; et l'une et l'autre autorité ne peut en délivrer qu'aux individus qui se présentent en personne, et ce assistés de deux témoins, qui affirment son domicile, son état et sa profession (1). Ainsi il n'est point de moyen sûr pour te rendre sans risque que celui que je t'ai proposé dans ma précédente. Tes codéportés, les Guillemot, la Ronde, Beaupré et autres, qui ont risqué le paquet, ont été incarcérés à Bordeaux, et peut-être en ce moment renvoyés sur la frontière, comme bien d'autres en divers départements. Dans ce moment-ci, un ordre aux préfets de la part du ministre de l'intérieur, leur enjoint de faire transférer hors des frontières de la république tout prêtre insou-

----

(1) Cependant ce passeport a été fait. Je l'ai trouvé avec son passeport de déporté et autres papiers nécessaires, dans son portefeuille de proscrit. On lui donne la profession d'ébéniste; il y a entre les deux passeports d'autres variantes; mais en les fondant ensemble, on pourra peut-être se faire une idée du portrait physique de François Sabourin.

1° Passeport du déporté, délivré à Poitiers et signé Malteste fils : âgé de 47 ans, taille de 5 pieds, cheveux et sourcils châtains, yeux bruns, nez bien fait, bouche moyenne, menton pointu, front dégarni, visage ovale.

2° Passeport de l'ébéniste, envoyé de Poitiers et signé Laronde ad. : âgé de 52 ans, taille d'un mètre 65 c., cheveux et sourcils châtains, yeux bleus, front dégarni, nez aquilin, bouche moyenne, menton rond, visage ovale.

mis, et qui a exercé clandestinement depuis le premier vendémiaire dernier. Toutes ces mesures font voir que le gouvernement est las de toutes ces divisions *prétendues* religieuses, et met tout en œuvre pour les faire cesser. C'est l'intention bien marquée du premier consul, qui, dans sa dernière proclamation, assure que bientôt cessera le scandale des divisions religieuses. Un concile national qui se tient à la cathédrale de Paris, sous les yeux et de concert avec le gouvernement, ainsi que le cardinal Consalvi, secrétaire d'État de Sa Sainteté, y travaille depuis plusieurs jours, avec beaucoup de zèle et d'activité ; et bientôt le culte catholique aura des évêques, des curés et des vicaires autorisés par l'Église et le gouvernement. En attendant cet arrangement, si tu veux t'approcher des limites de la république, il ne te faut qu'un passeport de magistrat espagnol. Dès que tu voudras les franchir et mettre le pied sur le sol de la république, marque-le-moi, et j'obtiendrai l'autorisation qui t'est nécessaire pour le faire sans crainte et sans obstacle. »

Vittoria, 8 novembre 1801. — L'exilé à sa famille. — « Lorsque, partant de Valladolid, je vous donnai avis de ne plus m'écrire, jusqu'à ce que je vous fisse savoir où vous pourriez m'adresser vos lettres, je me flattais d'aller tout d'un trait et sous peu de jours m'entretenir avec vous de vive voix ; je me persuadais bonnement que, dès mon arrivée à la frontière, la rentrée des déportés serait devenue libre et légale, par le seul fait de la publication de ce célèbre Concordat, dont la teneur est encore un mystère. Arrivé ici, les apparences auxquelles je m'étais fié m'ont paru s'éloigner. J'attends deux, trois et quatre courriers, pour voir ce qu'annoncent les lettres adressées à plusieurs confrères retenus pour les mêmes raisons : toujours mêmes formalités au passage, toujours des détours ou des déguisements à prendre, pour s'introduire dans la patrie. Je hasarderais volontiers l'expédient, si je ne pouvais plus compter, plus ou moins prochainement, sur les arrangements pris ou à prendre entre le Souverain Pontife et le consul. Je pense qu'il n'y aura que quelques délais à souffrir, et les travaux d'un voyage d'hiver, auxquels j'aime mieux m'exposer que de faire usage dans ce moment de passeports et costumes empruntés, ou d'observer des formalités dont les conséquences sont encore trop équivoques. Ce n'est point toutefois une résolution prise ; et je ne puis vous dire ce que je vais faire, n'en sachant rien du tout moi-même. J'observe autant que je peux la marche des autres et je suivrai l'exemple de ceux qui me paraîtront raisonner le plus solidement, et agir le plus conséquemment à l'état actuel des choses,

« Je désirerais d'aller me porter à Saint-Sébastien, c'est-à-dire à la porte de la république, pour être à portée de jouir du premier instant où la liberté nous serait offerte ; mais là et jusqu'à 15 ou 18 lieues en deçà de la frontière, je n'aurais pas la liberté de dire la messe : mon unique ressource, depuis long-temps, pour subsister, et pour ne pas achever de consommer ce que je ménage pour accomplir le voyage. »

Poitiers, 27 novembre 1801. — Joseph Sabourin à l'exilé. — « Je crois, mon cher frère, si tu as à cœur de revenir promptement, que le plus court ex-pédient est que tu prennes un passeport au lieu où tu résides actuellement, pour te rendre jusqu'à la pre-mière municipalité frontière, où tu prendras un nou-veau passeport, en faisant la promesse de soumission aux lois de la république dans le sein de laquelle tu veux rentrer. Cette soumission est purement civile , puisque le gouvernement n'a encore rien prononcé de relatif à la religion et ne doit pas par conséquent te faire de la peine.

« Ce fameux concordat n'étant point encore rendu public, est aussi pour nous un mystère. Il ne sera pro-mulgué que lorsqu'il sera devenu loi de la républi-que par la sanction du Corps législatif, qui n'a repris ses séances que du premier de ce mois, et qui commence ses travaux par le Code civil. Ce que nous connais-sons de relatif à l'Église, c'est un Bref du Pape ré-gnant qui exige sous le plus court délai, de tous les évêques des Gaules, la démission de leurs sièges, sous peine d'être regardés comme rebelles au Souve-rain Pontife et à l'Église. Cette mesure devient néces-

saire, car le nombre des évêques devant être fort restreint, ils n'ont pas plus de droit à être conservés les
uns que les autres. En un mot, tous les pasteurs et
ministres de la religion sont encore incertains du
nouveau sort qui les attend. On présume même qu'il
n'y aura point d'innovations avant Pâques. »

Vittoria, 11 février 1802.—L'exilé à sa belle-sœur.
— « J'ai reçu avec toute la sensibilité qu'elles devaient
me causer les nouvelles que le C. de H. m'a données
de votre part … Lorsque je me décidai à partir de
Valladolid, je regardais l'expédient du passeport
comme superflu, vu qu'on s'attendait assez généralement à une conciliation très prochaine du gouvernement avec l'Église; on était dans l'erreur, et il me
paraît qu'il s'en faut encore pour que les deux puissances soient d'accord.

« Si vous avez eu communication des dernières lettres que j'ai écrites à notre frère, vous connaissez les
raisons qui me font suspendre ma marche; il faut
espérer qu'elles cesseront avec le mauvais temps, qui
seul ne me retiendrait pas, malgré la désolante perspective que me présente l'idée de mon retour dans
la patrie, qui ne peut plus être pour moi qu'une
misérable patraque.

« Les différents déplacements que j'ai soufferts, à
raison des inquiétudes du gouvernement d'Espagne,
m'avaient déjà consommé une bonne partie du peu
d'argent que je ménageais comme mes yeux, pour

faire les frais d'un voyage moins laborieux. J'étais cependant parvenu, avec le temps, à me procurer le nécessaire de chaque jour à Valladolid ; mais mon transport à Vittoria et le séjour que la Providence m'oblige d'y faire, ne me laisseront probablement que mes deux jambes, pour aller mourir de faim avec vous.

« Dieu soit béni dans tous les cas ! les douceurs de notre vie passée furent des bienfaits de sa main ; les disgrâces temporelles qu'il y a fait succéder sont des bienfaits d'un autre genre. Pourquoi lui avons-nous fourni tant de motifs de retirer les premiers? Sachons mieux mettre à profit les autres.

« Adieu, ma chère sœur. Je ne suis pas moins impatient que vous du moment qui, *en me rendant la liberté*, me procurera la satisfaction de vous revoir, vous et les nôtres, que j'embrasse avec affection. — François SABOURIN. »

Par ces lettres, et surtout celles de l'exilé, qu'on peut proposer comme modèles du genre, et dans lesquelles on a pu lire l'expression de ses sentiments de foi, de courage, de résignation, de fidélité aux vrais principes, par ces lettres, nous venons de suivre dans l'intimité d'une famille l'histoire de 10 ans de révolution ; et encore de quelle révolution ?... Ah ! si le style, c'est l'homme, et surtout le style épistolaire, quelle peinture de mœurs dans les lettres de ce temps-là !.... Le style épistolaire du prêtre exilé, du confesseur de la foi, on l'a vu, il est calme comme l'innocence ; celui du prêtre *constitutionnel*, du moins dans quelques passages, il est fébrile comme un remords ; le style du terroriste, il est louche, écrit avec du sang, affectant même quelquefois le ton de la vertu. *Ma vie est pure !...* telle est la formule que l'on rencontre fréquemment sur ces horribles pages teintes de sang humain (1).

Indépendamment de cette correspondance intime de l'exilé avec sa famille, il entretient aussi avec ses compagnons d'infortune une correspondance pleine de sel et de résignation. Il écrit également en espagnol aux connaissances qu'il a pu faire dans le pays ; et j'ai en main un grand nombre de lettres en cette langue, que je n'ai pas eu encore l'occasion de faire traduire. Comme saint Athanase, dont il cite des paroles en épigraphe, il se voit obligé d'écrire, pour lui et ses coexilés, *l'apologie de sa fuite*, afin d'instruire ses hôtes des véritables motifs de l'émigration, ou plutôt de la déportation, et d'enlever à cet égard de leur esprit bien des préventions : « Exposicion de

____

(1) « Si la nature, comme au reste des mortels, m'a départi des défauts, elle m'a au moins donné cette sensibilité naturelle à l'homme qui n'est pas dépravé par les vices de l'éducation et les institutions désorganisatrices. » Ingrand. (Quel homme sensible qui a fait tomber tant de têtes innocentes!) Il sent quand même le besoin d'une excuse, et il ajoute : « Je sais qu'une suite d'actions louables et une vie longtemps sans reproche ne rendent pas exempt d'erreurs ; mais quel est celui qui n'en a pas commis au milieu de la tempête politique et révolutionnaire ? quel est celui qui n'a pas été poussé par une bourrasque au delà du but qu'il se proposait, ou qui n'ait pas été repoussé loin en arrière ? »

los motivos que determinaron al clero de Francia a huir la persecucion y retirarse a Paises estrangeros. » Déjà il en avait écrit une autre en français, qui porte pour épigraphe ce passage significatif du second livre des Machabées : « Je conjure ceux qui liront ce livre, de ne se point scandaliser de tant d'horribles malheurs, et de considérer que tous ces maux sont arrivés non pour perdre, mais pour châtier notre nation. » C'est le résumé le plus clair et le plus vrai de la question religieuse depuis 1789 jusqu'à une époque indéterminée, ce travail n'étant point fini. Il écrit des adresses aux puissances du lieu, pour mendier noblement et au nom de ses confrères, le pain du malheur. Et par le fait, au niveau des mendiants du pays, les prêtres exilés leur font une concurrence dont ils se plaignaient au roi, et qui oblige Sa Majesté catholique « à enjoindre aux évêques d'Espagne de placer les prêtres français dans les couvents de leurs diocèses respectifs, et d'aviser aux moyens de rendre leur subsistance moins onéreuse au public, c'est-à-dire aux pauvres du pays, pour qui les aumônes deviendraient vraisemblablement moins abondantes (1)... » C'est pour parer à cette mesure fâcheuse que François Sabourin écrit au roi, en son nom et au nom de son intime ami, l'abbé Fort (2) :

(1) Extrait d'une lettre de François Sabourin, datée de San Domingo, le 13 décembre 1792.
(2) «... Il m'est arrivé comme à bien d'autres ; je n'ai senti l'avantage d'être avec vous que quand j'en ai été privé. . Com-

« Deux prêtres français du nombre de ceux qui, forcés de s'expatrier, sont venus avec la plus juste confiance se mettre sous la protection de Sa Majesté Catholique, après s'être maintenus dans la petite ville de Santo Domingo de la Caezada, tant qu'ils ont pu suppléer par leurs propres facultés à la modicité de l'aumône de la messe, qui n'a été que de deux à trois réaux, éprouvant le besoin d'une nouvelle ressource, et considérant que l'insuffisance des aumônes venait de la surabondance des prêtres réfugiés dans le diocèse de Calahora, ils ont demandé et obtenu la permission de se rapprocher du centre du royaume, dans l'espoir de découvrir un moyen suffisant de subsistance. Après plusieurs jours d'une marche in-

bien de fois me suis-je dit, tant à moi-même que devant d'autres: où est M. Sabourin ? qu'il aurait bien été plus propre pour tel et tel cas que moi ! »... — Lettre de l'abbé Fort à François Sabourin, datée de Santander, le 5 mai 1807. C'est un dernier écho de l'exil.

Dans cette lettre, il parle ainsi d'un vénérable prêtre, ancien supérieur du grand séminaire de Poitiers, et dont on n'a pas encore perdu le souvenir : « Je défère certainement beaucoup aux avis de l'abbé Meschain ; ses instances mêmes les plus urgentes de me rendre auprès de lui m'ébranlent, mais entre nous soit dit, avec beaucoup de prudence, il a un zèle ardent que je crois certainement *secundum Deum et scientiam*. Il n'envisage que l'amour de Dieu et le salut des âmes ; il procure l'un et l'autre et s'y livre entièrement : *totus est in illo*, sans se mettre en peine ni de l'avenir, ni réfléchir sur le passé ou les localités. Il est au milieu d'un bon peuple qui se conduit ou se laisse conduire à son exemple, et dans cette confiance il me dit franchement : Venez chez moi, nous en aurons autant et plus que nous n'en pourrons faire, et nous ne manquerons point d'un honnête entretien. Ce dernier article est bien le *cadet* de mes soucis... »

fructueuse, à cause des grands sacrifices qu'on a déjà faits dans presque toutes les parties du royaume, la Providence leur a fait enfin trouver à Saint-Ildefonse un clergé et des citoyens aussi charitablement disposés en leur faveur qu'ils le pouvaient désirer ; et il ne leur restait qu'à se féliciter et à bénir la main qui les y a dirigés ; si la bonté du roi daignait lever l'incertitude que la circonspection des personnes bienveillantes et la vigilance de Monsieur l'intendant du château oppose à leur espérance, en interprétant bénignement la cédule concernant les prêtres français, ou en relâchant de sa rigueur en faveur des suppliants. Ce qui n'ajouterait pas peu aux motifs déjà si graves qui leur font former chaque jour des vœux pour la conservation de sa personne sacrée et la gloire de sa couronne. »

Il fut exaucé, comme le constate la lettre suivante :

« Sire,

« Lorsque Votre Majesté daigna approuver notre résidence à Saint-Ildefonse, elle ajouta un puissant motif de reconnaissance à ceux que nous partagions déjà avec tant de compagnons de nos disgrâces, accourus, pour la plus sainte des causes, sous la protection du monarque catholique par excellence. Honorés en particulier d'une protection plus immédiate, nous attendions avec impatience l'époque qui devait nous procurer la consolation de voir de nos yeux notre glorieux bienfaiteur, et l'honneur de déposer aux pieds de Sa Majesté cette faible expression des sentiments de notre respectueuse admiration et nos justes actions de grâces. Daigne Votre Majesté les avoir pour agréables, et ne pas douter que nous mettions en œuvre tous les moyens que la grâce de Dieu et la faveur de notre ministère mettent en notre pouvoir, pour attirer sur votre personne sacrée et ses royaumes très catholiques les récompenses temporelles et spirituelles de sa foi et de sa vertu. »

Plus tard, le 7 février 1794, il adresse en latin à « l'illustre et vénérable Chapitre de l'église collégiale et royale de Saint-Ildefonse » une supplique pleine de délicatesse et de dignité, que je ne puis m'empêcher de traduire et de citer ici ; d'autant plus que ces documents sont seuls capables de nous faire bien connaître la situation de nos prêtres exilés. Voir à la fin du chapitre le texte latin, en supplément ; c'est un beau spécimen de la manière dont nos anciens confrères écrivaient le latin.

« Combien a été légitime notre confiance aussitôt que le suprême Pourvoyeur de toute créature nous eut introduits au milieu des habitants de ce site royal ; il appert déjà des preuves nombreuses de bienfaisance très chrétienne que nous avons reçues, tant de la part du clergé que de la part des citoyens séculiers : preuves qui sont très propres à exciter en nous notre gratitude. Ici en effet, l'hospitalité nous a été offerte, à nous qui manquions d'un gîte et qui errions à l'aventure. La piété de l'illustre Prélat de cette église a daigné préserver nos personnes de l'intempérie du temps : nous fournissant les vêtements les plus conformes à la rigueur de la saison et à notre costume national. Par son zèle, la recommandation de l'illustre préfet civil a concouru à nous obtenir cette faveur, à savoir que le roi ait vu favorablement notre résidence au milieu de vous. Grâce à votre générosité, nous recevons ici l'honoraire de messe, jusque-là trop casuel, insuffisant pour nos besoins, et dont il fallait nous contenter ; et maintenant nous en avons assez pour être tranquilles et nous sustenter suffisamment.

« Ces faveurs que nous avons déjà obtenues, sans aucun mérite ni service préalable de notre part, montrent ce qu'il est permis de présumer de la bienveillance du vénérable Chapitre, et nous disposent l'esprit de façon que nous osions en attendre quelque autre petit moyen pour que nous puissions nous munir des ustensiles de commune nécessité, et aussi pour être aidés de l'assistance de quelque personne. Non pas certes pour avoir un état de vie plus commode : ce que ne peuvent demander des clercs mendiants, ayant une trop juste part aux coups de la colère céleste qui frappe leur patrie ; mais pour arriver à ce dernier degré de décence qui convient, dans tous les cas, à la dignité cléricale. D'ailleurs nous sommes prêts volontiers à tout genre de privations, afin que , ne lésant point les droits des pauvres du pays nou ne soyons point à charge à nos frères en Jésus-Christ pauvre ; surtout il convient qu'il y ait dans notre intention cette fin convenable d'épargner les soins de l'hospitalité envers nous, à la piété d'une seule famille , à laquelle nous supporterions avec peine d'occasionner un embarras quotidien ; et qu'ainsi nous jouissions du bienfait de l'hospitalité , avec la tranquillité désirable de tous. Considérez donc bien de nouveau que nous nous sommes étudiés à purifier notre supplique de toute intention qui ne serait pas dans l'ordre , et à la rédiger avec cet esprit que, si elle réussit, nous en accepterons l'effet avec actions de grâces , et que nous souffrirons son insuccès avec la plus respectueuse soumission ; reconnaissant sans aucun doute comme jugement très sage , tout ce que la prudence de l'illustre Chapitre aura statué. — Sabourin, prêtre français. »

Enfin , comme saint Paul *(qui operabatur, erant autem scenofactoriæ artis.* Actes, XVIII, 3), François Sabourin, durant son exil, travailla, lui aussi, de ses mains à des ouvrages de mécanique , et développa en lui, par le besoin et la nécessité, ce génie des arts et de l'industrie qu'i. a porté à un si haut point (1).

---

(1) J'ai le devis assez long et très détaillé de la réparation de la fameuse horloge du Paular. ses nombreuses pièces, et les difficultés de leur réparation montrent assez l'importance de

L'Espagne, m'a-t-on dit, lui doit les tourne-broches ;
et sans avoir l'honneur de l'invention , comme Pascal, à qui l'on attribue celle des brouettes, il eut au
moins le mérite de transporter dans ce pays un petit
mécanisme bien utile au foyer domestique. Aussi ,
sans parler d'autres souvenirs pieux et patriotiques,
c'est le souvenir matériel qu'en partant il a laissé à
ses hôtes.

<hr>

SUPPLÉMENT.

Illustrissimo ac venerabili admodum capitulo
ecclesiæ collegialis sitûs regalis sancti Ildefonsi (1).

Quam legitima fuerit nostra fiducia, ut primum sum-
mus omnis creaturæ Provisor introduxit nos ad
populum hujus regalis sitûs, patet jam ex multis
christianissimæ beneficentiæ tum cleri tum civium
secularium argumentis, nostram movendi gratitudi-
nem efficacissimis. Mansione indigentibus et in

---

l'instrument. Ces pièces sont nommées dans le devis en termes
du métier, et il faut en être pour les comprendre.

Dans une de ses lettres, datée de Valladolid (1799), l'exilé
marque que « parmi les divers objets qui sont l'ouvrage de
ses mains, il y en a desquels je trouverais un grand avantage
ici. On m'en paierait volontiers la valeur intrinsèque et le
port.... »

(2) 7 februarii 1794.

incertum ambulantibus hic nobis obvia fuit hospitalitas: ab intemperiei sævitiis personas nostras tutari dignata est illustrissimi hujus ecclesiæ præsulis pietas, suppeditatis vestibus tempestati simùl ac disciplinæ nationali magis congruentibus: illius zelo, cucurrit et incliti præfecti civilis commendatio ad hoc ut Rex maxime catholicus benigne respiceret nostram inter vos commorationnem: stipendium missæ nimis casuale ac nostris necessitatibus impar usque dum, huc accessimus, nunc favente benevolentiâ vestrâ sic colligimus, ut ex eo secure et ut par est sustentemur.

Beneficia hæc consecuta jam nullo in nobis precedente merito aut conatu explicant quid de venerabilis Capituli dignatione præsumere liceat, atque animum movent ut ab eâ expectare audeamus modicum quodvis aliud medium quo possimus utensiliis de communi necessitate muniri; sedet alicujus personæ assistentia adjuvari; non equidem ad commodioris vitæ statum quem appetere dedeceret clericos mendicos, justa nimis participes flagelli cœlestis iracundiæ ipsorum patriam sternentis; verùm ut strictam hanc decentiæ normam attingamus quæ, quovis in casu, dignitati clericali competit; alias libentissime parati ad omne privationis genus, ne læso indigenarum pauperum jure, nostros in Christo paupere fratres gravemus. Hunc imprimis legitimum finem nos decet intendere ut parcatur curis hospitalibus unius piissimæ erga nos familiæ, cui molestiam inferre quotidianam ægre ferimus; et sic cum optata omnium quietudine, beneficio gaudeamus hospitalitatis. Id igitur iterum attendatis quod petitionem nostram ab omni inordinato fine puram facere studuerimus, ac tali mente ut illius effectum, cum gratiarum actione, si successerit, accepturi, reverenti etiam cum submissione illius inefficaciam passuri simus; citra dubium omne ponentes discretioris judicii fore quidquid statuerit illustrissimi Capituli sapientia.

FRANCISCUS SABOURIN,
Presbyter gallicanus.

CHAPITRE VI.

LE RETOUR.

Toutes les barrières entre le pays de l'exil et le sol de la patrie sont donc enfin tombées. Cependant un obstacle se trouve encore à franchir : le schisme est au retour comme il fut au départ ; plusieurs de ses confrères d'exil tombent dans le piège, malgré ses conseils ; et plus tard, comme François Sabourin avait souffert la persécution au sujet du schisme *constitutionnel*, il eut encore l'honneur de recevoir les insultes du schisme de la *Petite-Église* par des lettres amères et haineuses, écrites de la main de son premier et dernier pontife dans notre ville de Poitiers. L'exilé, qui avait repris la direction de son ancienne paroisse de Saint-Jean l'Évangéliste de Montierneuf, avait commis *le crime impardonnable* de convertir et de ramener à l'orthodoxie une des parentes de cet ancien curé d'Angles, qu'on surnommait alors Monsieur *Perpétue* ; sa sœur, je crois, Mademoiselle Duchâteigner.

C'est assurément un de mes souvenirs d'enfance les plus ineffaçables, que ma rencontre par les rues de ce long et maigre vieillard, appelé le *pape* de la *Petite-Église*, revêtu d'un costume semi-clérical, appuyé sur une canne à pomme d'ivoire, et cherchant toujours l'ombre et le mystère, je me rappelle encore m'être écarté du chemin pour lui laisser un ample passage, et l'avoir à chaque fois suivi des yeux le plus longtemps possible, comme une étrange et pénible apparition. Il se dirigeait fréquemment vers une maison bien connue par son inscription de *Raison partout et partout raison*, où il réunissait les quelques fidèles de la secte qui résidaient dans la ville de Poitiers.

Or si, encore une fois, le style c'est l'homme, voici des notes écrites de la main du personnage susdit, sur un livre ayant pour titre : *le siècle jugé par la foi*, notes qui font parfaitement connaître *l'homme* et aussi la secte dont il a été, dans notre pays, un des chefs les plus capables et les plus instruits :

« Cet ouvrages a été fait (1) :

« 1° Par un laïque du monde,

« 2° Par un jeune homme,

« 3° Par un *concordatiste*.

« Il y parle de la fin du monde ; il la montre du bout du doigt ; il fait tout pour l'accélérer, hélas ! et pour se la rendre funeste et terrible à lui-même et à toute la société ! Quel crime ! quel malheur ! Quel ensorcellement ! quelle profondeur de Satan transformé en ange de lumière !

« Nouveau Balaam qui est presque forcé à anno-

____

(1) *Le siècle jugé par la foi.*

cer au monde des choses très certaines et si épouvantables, mais qui n'en dit ni les causes, ni les
seuls remèdes : je veux dire la bonne préparation à
ces affreux malheurs.

« L'auteur de cet ouvrage combat et confond avec
talent et succès les impies philosophes, ainsi que plusieurs hérétiques ; mais hélas ! de tout cela il s'est
fait à lui-même un *philosophisme* orgueilleux (tous
les *soulignements* sont de Perpétue lui-même), et un
théologisme très hétérodoxe en adoptant la pire et la
plus perfide de toutes les hérésies : le *jésuitisme*, le
concordatisme, la *suprématie* et *infaillibilité* ponti-
ficale; *le droit papal de violer toutes les lois naturelles, divines et humaines, de fouler aux pieds
le Décalogue, l'Évangile, saint Pierre et saint Paul
et tous les autres apôtres , tous les saints Pères,
toute la tradition, tous les saints canons , et jusqu'au plus gros bon sens et à la simple raison*, avec
tous les principes et les idées de la justice, etc...
Voilà le Concordat pie, *napoléonien*, philosophico-
révolutionnaire, le parfait chef-d'œuvre de Satan...
et voilà ce qu'adopte, pratique et enseigne le très
ingrat et très infortuné M. *Delestre* (1) ? *Væ illi* ...

« Cet homme en est pour l'Église *établie* par Bona
parte, et surtout par *Chiaramonte*, de si affreuse
mémoire, comme l'Angleterre en est pour l'Église
établie par Henri VIII et par *Crammer* ; et voilà

(1) L'auteur présumé du *Siècle jugé par la foi*.

l'homme qui m'a dit croire aux *visions* de *Martin*, ce paysan *concordatiste* de la Beauce, qui fut voir le très impie Louis XVIII, le successeur de l'atroce Napoléon, et l'approbateur de son Église anti-chrétienne. La Charte a perfectionné, couronné et consommé l'infâme *Concordat*... Qu'on voie l'état de la religion et de la société, depuis ces *deux trop fameuses pièces*. O profondeur de Satan habillé en ange de lumière !...

« Ce Satan, en tentant Jésus-Christ, a dit, lui aussi, de grandes vérités, quoiqu'il soit menteur et le père du mensonge. C'est là sa tactique infernale, si bien suivie par tous les philosophes, novateurs et hérétiques, et par M. Delestre. L'antechrist et ses nombreux, artificieux et perfides faux prophètes ne feront pas d'autre métier dans les commencements, avant d'employer la terreur. Le Concordat met toute la religion sous le joug de l'impiété laïque, et asservit, avilit tous les ecclésiastiques.

« La sainte Bible de Vence, que connaît comme moi l'auteur de ce livre *le siècle jugé par la foi*, nous dit d'après Jésus-Christ, saint Paul, saint Jean, saint Grégoire Pape et les autres SS. Pères, qu'à la fin des temps, *la séduction sera si efficace et si universelle, que les élus même seraient séduits s'il était possible, et qu'alors ce que les hommes feront par amour-propre et cupidité, ils croiront le faire par le mouvement de la charité la plus pure, et qu'en travaillant de toutes leurs forces pour l'ante-*

christ, ils croiront fortement travailler de tou
cœur pour Jésus-Christ.

« Je demande maintenant, d'après ce que les évêque
et les prêtres ont fait pour *Napoléon le précurseu*
et ses *trois successeurs* , je demande ce qu'il
feront sous l'antechrist, qui aura bien une autr
puissance, d'autres richesses , d'autres méchancetés
d'autres illusions , d'autres prodiges , d'autres pro
fondeurs, etc... ?

« Si Bonaparte a été un des plus signalés précur
seurs de l'antechrist , comme cela est indubitable
et comme notre auteur le déclare, mais sans en voi
ou, ce qui est pire, sans en vouloir dire la vraie rai
son, que faut-il penser et dire de presque tou
les prêtres qui, pendant douze ans, ont prié ave
tant de ferveur pour cet ouvrier de Satan, cette am
bassadeur de l'Antechrist ; qui prieraient encore, s'i
était en vie et sur son trône ; qui ont prié pour se
deux imitateurs et successeurs , et qui continuen
de prier pour le troisième ?... Sans doute il fau
prier pour tout le monde, tous les hommes ; mai
c'est pour leur conversion et leur salut, comme sain
Paul a prié pour Néron, son bourreau. »

Sur de belles paroles adressées par l'auteur du
Siècle jugé par la foi à la très sainte Vierge, *Perpé-*
tue a écrit cette note : « Les impies ne veulent pas de
Marie, ils la blasphèment. Les protestants ne veulen
pas la prier. La nouvelle Eglise (l'Église *concorda-*
tiste) outre son culte et en abuse. L'ancienne Église
l'honore comme il faut. »

Continuons ces citations qui nous font pénétrer intimement dans l'esprit de la secte.

« Dans les chapitres suivants, notre auteur va nous dire souvent que Napoléon a été le *précurseur* de l'antechrist ; et il a plus raison qu'il ne le pense et ne veut le penser ; car il ne nous dit pas que c'est en bâtissant avec son cher père Pie VII une nouvelle Église, une nouvelle morale, donc un nouveau dogme : *prius est credere quàm agere* ; il ne nous dit pas, dis-je, que c'est principalement en cela que ce Napoléon a figuré, annoncé l'antechrist, et lui a préparé la voie.

« Si Bonaparte a été le précurseur de l'antechrist, comme cela est indubitable, que faut-il dire et penser d'un pape son digne consécrateur, célébrant les sacrés et si redoutables mystères, en présence de tout ce qu'il y avait de plus impie et de plus infâme en Europe, en présence des *rabbins* juifs et des *ministres* protestants *en costume....* ?

« Que faut-il dire et penser des pauvres et si misérables *Louis XVIII* l'impie et Charles X l'archifaux dévot, qui ont *saintement* adopté cette indigne religion.... ? Charles X le *parjure*, non pour avoir violé la charte, mais pour l'avoir *jurée...* Que faut-il dire et penser de tous les évêque et de tous les prêtres qui ont encensé, loué, préconisé et presque adoré cet impie précurseur, et qui ont eu l'impudence et l'impudeur de soutenir que *c'est ainsi*

qu'ils ont sauvé la religion, qui aurait péri sans leurs
parjures abominables et à jamais exécrables ? Ce
sont ces parjures tricolores, versicolores, omnico-
lores qui ont arraché la foi de tous les cœurs, et qui
hâtent la venue de l'homme de péché, *l'antechrist.*

« Notre auteur dit que les impies ont aboli en
1793 le *sacrifice perpétuel* ; et jamais il n'y a eu autant de *bonnes* messes que pendant la Terreur.... Ce
sont Napoléon et surtout *Pie VII, son très cher père
en Jésus-Christ*, qui ont presque anéanti ce perpétuel
véritable sacrifice. — Et voilà en quoi Bonaparte a
été le grand précurseur de l'antechrist. — Et voilà le
parfait chef-d'œuvre de Satan transformé en ange de
lumière ! *O altitudines satanæ !*

« Robespierre a peuplé le ciel, purifié et sauvé la
religion en France ; et les ignorants soutiennent et
croient qu'il l'a perdue. — Pie VII et son très cher
fils Napoléon l'ont ruinée ; et les petits esprits pensent et protestent qu'ils l'ont sauvée, et c'est ainsi que
le pape et le *voleur* ont élargi, creusé et rempli l'enfer. Triomphez maintenant de votre *Concordat* antichrétien et de votre religion pie, napoléonienne, phi-
losophico-révolutionnaire, qui a réussi au grand Satan presque au delà de son espérance.

« L'impie Mirabeau disait en 1792 qu'on ne
pourrait jamais réussir à révolutionner la France,
que quand on aurait inventé un moyen pour la
décatholiciser... Un pape s'est chargé de cette sainte
et noble mission. Jésus-Christ dit à saint Pierre, le

premier et le plus saint de tous les papes (1) : *Retire-toi de moi, satan, tu m'es un sujet de scandale ; tu n'as pas le goût des choses de Dieu, mais de celles du monde.* Que faut-il dire maintenant de Pie VII et de ses trois dignes successeurs? mais ce serait un *blasphème.*

« Job, saint Paul, surtout saint Jean apôtre, c'est-à-dire le Saint-Esprit, les saints Pères et surtout le pape saint Grégoire le Grand, la sainte Bible [de Vence, annoncent qu'à la fin des temps : 1° le démon, Satan, ou le *dragon* ; 2° la *bête* ou bien l'antechrist 3° *le faux prophète de la bête*, viendront ravager l'univers criminel, tourmenter et séduire les six coupables humains. Ils ajoutent que ce faux prophète de la bête aura les *cornes de l'agneau* (pour mieux tromper), et que ce ne sera point un homme en particulier, mais un corps d'hommes, une énorme quantité de prédicants, *multitudo prædicantium* : qui 1° discuteront avec un esprit et une éloquence entraînante et presque irrésistible, capable de séduire jusqu'aux élus eux-mêmes, s'il était possible; qui 2° feront des prodiges ; qui 3° auront la force de mettre à mort tous ceux qui ne voudront pas adorer la bête, l'antechrist. — Notre auteur, M. Delestre, sait cela tout comme moi ; et il ne dit presque rien de ce faux prophète de la bête, de cette immense quantité de *prédicants* séducteurs, qui travailleront avec tant de zèle et de fureur pour

(1) S. Matth. c. 16.

la bête, l'*antechrist*, et qui emploieront la triple arme
du subtile et captieux raisonnement, des *miracles*
et de la terreur la plus épouvantable : *crois et adore,
ou je te tue...* et voilà les prêtres et les princes des
prêtres de l'église *Pie napoléonienne.* M. Delestre
nous dit qu'il est presque sûr que *l'antechrist est
déjà né* : voyez de tous côtés, ses si nombreux et si
zélés *faux prophètes....*

« Les papes, les évêques et les prêtres ont célébré
l'impie Napoléon pendant douze ans et l'ont proclamé
dans l'Église devant le Dieu de toute vérité, le trois
fois saint, le pacificateur de l'Europe, *l'ange* de la
France, *le sauveur* de la religion, le *bien-aimé* du Seigneur, l'*homme de sa droite bienfaisante,* etc... *virum
dexteræ tuæ.* Quand leur idole fut renversée et à l'île
d'Elbe, ils firent entendre partout des cris tout contraires ; ils dirent, comme M. Delestre aujourd'hui, que
le même Napoléon n'était qu'un abominable agent
de Satan, et *le plus signalé des précurseurs* de *l'antechrist.* D'où je crois pouvoir tirer cet argument :

« *Syllogisme.*

« *Majeure.* — *Ex concessis* : c'est le pieux *Napoléon*, nouveau Charlemagne, nouveau saint Louis,
qui a rétabli la religion, qui était tout à fait perdue
en France.

« *Mineure.* — Et pourtant la révolution, *venant
du démon,* s'est incarnée en lui, Napoléon, fidèle

agent de ce démon, et précurseur de l'antechrist.

« *Conséquence.* — Donc forcément et *concedendis*, c'est le démon qui a sauvé la religion, et sans le démon, la religion était tout à fait perdue, etc.... Je ne peux croire que mon raisonnement ne soit qu'un pauvre et misérable sophisme.

> Risum quæso teneatis, amici ; at potius tremamus
> Et lacrymis sanguineis et irremedialibus defleamus !
> Quis audivit unquam tale ? quis vidit huic simile ?
> Obstupescite cœli, et desolamini vehementer !

« Patiens Deus, quia æternus. »

Mais en voici bien assez. En terminant ces citations, et par charité chrétienne, nous n'appliquerons pas au sieur *Perpétue* ces malédictions qu'il adresse à l'auteur du livre *le siècle jugé par la foi* : « Hélas ! s'écrie-t-il, il parle avec éloges de l'Eglise du *précurseur de l'antechrist.* O malheur ! Væ ! væ ! væ ! illi ! » Non, que *Perpétue repose en paix* ! il est mort *schismatique*. « Dieu l'a jugé, silence.... »

Notre vénérable évêque, Monseigneur de Bouillé, à peine élevé sur le siège de saint Hilaire, adressa à ceux de son diocèse qu'on appela d'abord, comme ailleurs, *anti-concordatistes*, puis *dissidents* et *fidèles* de la *Petite-Église*, un avertissement paternel qui ne produisit sur eux aucun effet. Plus tard, son illustre successeur, Monseigneur Pie, publia à leur adresse deux lettres pastorales, qui n'amenèrent également aucun résultat. Dans la première de ces lettres, en date du 15 octobre 1851, il exposait ainsi l'état actuel de la secte :

« Dans ce vaste diocèse si généralement orthodoxe et si profondément religieux, nous avons trouvé sur des limites opposées des erreurs qui proviennent de causes plus opposées encore, et qui néanmoins conduisent leurs victimes au même dénoûment moral. D'une part, aux confins de la Saintonge, le protestantisme, rapproché de son ancien boulevard, règne encore dans un certain nombre de maisons, quelquefois agglomérées, plus souvent éparses. Il faut le dire : moins reconnaissable par ses doctrines et par ses pratiques que par son esprit de négation et d'*opposition* (1), la réforme existe plutôt dans ces contrées à l'état d'hérésie sociale, que comme secte religieuse. D'autre part, au sein de notre catholique Vendée, subsistent toujours plusieurs de ces intéressantes familles qui, au sortir des douloureuses épreuves de la fin du siècle dernier, n'ont pas trouvé que l'Église leur mère eût été assez rigoureuse envers l'irréligion révolutionnaire, et qui, repoussant le *Concordat* comme une transaction indigne de l'Epouse de Jésus-Christ, se sont retranchées dans une société de *dissidents* connue sous le nom de *Petite-Église* : âmes infortunées, qu'un excès respectable dans son principe entraînera bientôt, par l'absence des enseignements comme des sacrements qui confè-

____

(1) « Qui adversatur. » Thess. II, 4.

rent la lumière et la grâce, dans une dégradation que le culte des traditions domestiques, déjà si négligées par la nouvelle génération, est impuissant à prévenir. »

Et plus loin : « Lors du dernier jubilé universel promulgué en l'année 1826 par le Pape Léon XII, ce vénérable pontife n'eut rien plus à cœur que d'y faire participer tous les enfants de la religieuse Vendée. C'est pourquoi il adressa une magnifique et touchante *exhortation aux dissidents de France, et principalement du diocèse de Poitiers vulgairement appelés anti-concordatistes.* Plus tard le pape Grégoire XVI, ayant accordé un jubilé extraordinaire à l'occasion de son avènement sur la chaire de saint Pierre, il eut à cœur de répandre de nouveau cette *exhortation* qu'il avait lui-même rédigée autrefois sur la demande de Léon XII, et, en toutes circonstances, ce pontife de sainte mémoire s'enquérait avec un vif intérêt de tout ce qui a rapport à la *dissidence.* C'est ainsi, M. T. C. F., qu'un de vos compatriotes du Bocage, M. l'abbé Cousseau, aujourd'hui évêque d'Angoulême, ayant fait le voyage de Rome en l'année 1841, le pape Grégoire XVI, après l'avoir longuement interrogé et entretenu à votre sujet, lui remit en main propre un exemplaire de cette *exhortation,* qui est déposé aux archives de notre évêché. Cet imprimé, sorti des presses de la Chambre apostolique, ne saurait avoir un caractère plus authentique... »

Enfin , après de nombreux sacrilèges commis en Vendée, à l'occasion des dissidents de son diocèse , Monseigneur Pie se vit contraint de présider lui-même, dans leur contrée, une cérémonie expiatoire, qui ne fit que les aigrir davantage. Aussi, dans une visite que je fis au château de Clisson, à Monsieur le marquis de la Rochejaquelein, alors sénateur , je le trouvai en compagnie des deux chefs de la secte qu'il traitait familièrement comme deux camarades et qu'il essayait d'amener à l'orthodoxie, deux chefs laïques, puisqu'ils n'avaient plus de prêtres : l'un du nom de Téxier, et l'autre, je crois, maire de Courlay. C'étaient deux paysans vendéens, dans les yeux vifs desquels on pouvait apercevoir un amalgame de défiance et d'opiniâtreté, le tout assaisonné de quelques grains d'orgueil à dose inconnue. Les réponses qu'ils nous donnaient ressemblaient beaucoup à celles des perroquets : ils paraissaient les avoir apprises dans des pièces imprimées qu'ils tiraient de temps en temps, comme preuves , des poches de leur veste. Quand ils n'en avaient pas de l'espèce à nous offrir , alors leur front se plissait d'une façon tout étrange , et semblait nous dire en terme du lieu : « Après tout , *c'est m'n idée !* » Nous voulûmes les pousser plus loin ; le plus jeune s'en prit à ses yeux ; il parut avoir sur le cœur la cérémonie expiatoire récemment faite ; et par une prosopopée vraiment touchante , il se mit à évoquer l'ombre de son père , en déclarant qu'il mourrait comme lui. Son père avait été un des plus intrépides Vendéens de l'armée dite des chouans ; il en avait sauvé le héros , Henri de la Rochejaquelein, dans une des circonstances de cette grande guerre que Napoléon Ier appela *une guerre de géants*. Braves gens du reste, et que nous regrettions d'autant plus de voir ainsi s'opiniâtrer dans l'erreur.

Enfin François Sabourin avait touché le sol de France. Oh! si le retour de l'exilé a des joies qu'il faut sentir pour les comprendre, que de larmes aussi n'a-t-il pas à verser ! Que de regrets vont revivre à l'aspect des lieux et des personnes! que de pertes vont ressusciter dans sa mémoire et rouvrir douloureusement toutes les plaies de son âme ! A chaque pas qu'il va faire sur ce sol de France autrefois si riche et si splendide, il viendra se heurter à des ruines et à des débris. Il arrive en effet, le cœur tout palpitant d'allégresse, mais... où est le père de notre exilé ? Il est mort, François Sabourin l'a su sans doute : il le sait davantage aujourd'hui ! et son neveu si célèbre, Armand? mort sur l'échafaud!... Et l'un de ses frères ? mort de chagrin sur une route, en courant arracher son fils des mains de ses meurtriers!... Et tant d'amis, tant de connaissances? ils sont morts, de mort naturelle ou de mort violente! Et son vieux monastère, sa belle église de Saint-Jean de Montierneuf, celle où il a été baptisé, où il a grandi, qu'il a quittée comme curé et dont encore il sera le pasteur? C'est une ruine !...

6***

Cependant, au milieu de toutes ces pertes et de tous ces décombres, il est une ruine plus grande que toutes les autres, sur et laquelle jamais il ne pourra fixer les yeux !... Une sainte âme l'a compris, elle lui écrit à la date du 6 décembre 1801 : « Monsieur, ayant chargé quelqu'un de vous engager à descendre chez moi, en arrivant ici, de peur que *la vue de votre frère ne vous fît quelque impression* et retardât votre retour, je suis affligée qu'on ne l'ait pas fait. *On m'a dit que vous étiez sur la frontière ; je vous écris moi-même, afin de vous offrir ce petit service, et de vous exprimer toute la joie que j'en éprouverais si vous vouliez l'accepter...* »

Ainsi cette grande ruine dont la vue devait faire tant d'impression sur notre exilé, c'était son frère, son frère prêtre, le schismatique !... Eh bien ! il eut la gloire de contribuer aussi à sa restauration et de faire mentir son vieux père : lequel, interrogé sur ses deux enfants prêtres, après le schisme *constitutionnel*, répondit en pleurant : « Quelque part que j'aille après ma mort, dans l'enfer ou dans le ciel, je serai toujours sûr d'en trouver un !... (1) »

(1) Joseph Sabourin est mort desservant de la paroisse de Verrières (30 juillet 1804), dont Mgr Bailly l'avait nommé légitime pasteur.

CHAPITRE VII.

LE CURÉ.

Nᴏᴍᴍᴇ́ *desservant* de la paroisse de Saint-Jean-l'Évangéliste de Montierneuf dont il avait été le *curé*, François Sabourin porta avec résignation ce nouveau titre, qui n'en était plus un *canoniquement*, et se mit avec zèle, à restaurer, sous le rapport moral et matériel, son ancienne paroisse. Mais, avant d'aller plus loin, donnons encore ici quelques détails sur la nature, la trempe, la portée de son esprit et de ses connaissances. Intelligence éminemment positive et pratique, je ne vois rien dans les sciences, dans les arts libéraux ou mécaniques, même dans les simples métiers, qu'il n'ait étudié et parfaitement appliqué. « Rien de plus naturel, lui écrivait en 1772 son ami, M. de Beauregard, depuis évêque d'Orléans, rien de plus naturel que de chérir un sujet qui réunit également les dispositions du cœur et de l'esprit les plus avantageuses. Je passe légèrement sur cet article, parce que tu sais joindre la modestie aux talents. Les arts que tu aimes, et qui semblent fixés dans ton

(1) La paroisse de Montierneuf, qui, avant 1789, était, comme toutes les autres, une paroisse *curiale*, n'a été de nouveau élevée à ce *titre* que sous le successeur immédiat de M. Sabourin, M. Lacroix.

séjour , semblent aussi faits pour ton délassement... » Un jour qu'un enfant se balançait sur une longue et double corde tendue dans sa cour en forme d'escarpolette: « Oh ! que fais-tu là, mon enfant? lui dit-il, tu déranges mon méridien ! » C'était-là en effet qu'avec son télescope. il guettait le soleil, la lune et les étoiles (1). Point d'artisan qui n'eût chez lui sa boutique et ses outils qu'il maniait à perfection.

Mais, dira-t-on peut-être, ce sont là des occupations peu dignes d'un ministre des saints autels, et capables, sinon de l'avilir, du moins de lui faire perdre son temps ? Oh ! ces réflexions il les fit avant vous, mon cher lecteur ; car souvent, lorsque, fatigué du grec et du latin, j'allais prendre quelque repos après de sa forge ou son enclume: « Va dans ma bibliothèque, me disait-il alors; ce sont les véritables outils du prêtre ; eh ! que ne m'en suis-je moi-même plus fréquemment servi. » Heureux cependant si nous approchions tant soit peu de sa science ecclésiastique en toutes sortes de matières, comme du reste en font foi ses succès scolastiques et ses diplômes de tou grade. L'archéologie, il l'avait devinée, avant même qu'elle ne revînt au jour et surtout à la mode ; et qu

(1) Qu'on se représente un triangle, dont un côté était tend horizontalement du haut d'une toiture à une autre, et don les deux autres côtés se dirigeaient vers la terre, pour forme un angle tenu en lest par un poids, quand l'enfant n'était pa à sa place. Ce n'était pas tout à fait l'observatoire de Paris.

de fois l'ai-je entendu blâmer avec toute l'indignation d'un fin connaisseur de prétendus embellisse-
ments accomplis dans notre cathédrale, et des restau-
tions qu'on ne ferait plus aujourd'hui !

On comprend combien une pareille âme dut
souffrir, et comme artiste et comme prêtre, à la
vue de cette vieille et magnifique église de Saint-
Jean de Montierneuf, qu'on menaçait de détruire entièrement. Réduit à partager avec les
pauvres de l'hôpital général l'édifice qui leur sert
de temple, il n'en sent que davantage le besoin de
rendre à sa paroisse son antique et belle église. On
parle de la restreindre, de la mutiler; il la veut
tout entière, et il réussit. Mais que de travaux en
tout genre ne faudra-t-il pas entreprendre ! Quelle
prodigieuse et infatigable activité ne faudra-t-il pas
dépenser ! Que d'épreuves à subir, et dans un temps
où, avec la foi perdue ou du moins fortement affai-
blie, la générosité avait fui de bien des cœurs; où
les âmes charitables elles-mêmes étaient à peine
remises de leurs propres pertes !... Rien ne l'arrête...
il couvre les murailles de notre ville de Poitiers
d'adresses éloquentes à ses habitants, et sa voix est
promptement entendue ; il se transforme en humble
quêteur. Il intéresse à son œuvre d'abord le clergé,
puis l'administration civile : les maire, préfet,
princes, princesses, le roi et avant lui l'empereur.
Il presse les entrepreneurs, il calcule les ressources,
fait les devis, active les ouvriers, les encourage,

met lui-même la main à l'œuvre ; enfin, après cinq ans de travaux et de peines, la première pierre de la restauration du monument ayant été posée le 3 mai 1817, il le fait consacrer avec un grand appareil, par Mgr de Bouillé, vers la fin de 1822, et rend ainsi à ses paroissiens une superbe église, et à la ville de Poitiers un de ses plus beaux temples.

« Le peuple, est-il dit dans une relation du temps au sujet de la pose de la première pierre (1), le peuple remplissait l'enceinte de ce temple à moitié ruinée. Des vieillards qui avaient reçu le saint baptême dans cette auguste basilique, des époux qui avaient consacré des liens indissolubles aux pieds de ses autels détruits, versaient des larmes de douleur comme au temps d'Esdras, au souvenir de la gloire ancienne de ce temple ; des jeunes gens, des femmes, des enfants groupés sur ses décombres, sur ses tronçons de colonnes et sur des amas de pierres, entourant M. le comte du Hamel, préfet de la Vienne, M. Soyez, l'un des vicaires généraux du diocèse, et leur ancien pasteur, M. Sabourin, ils bénissaient le ciel du rétablissement de ce temple qu'ils n'osaient plus espérer, et offraient un spectacle que la religion, qui anime et grandit tout, rendait aussi touchant que solennel. »

(1) *Affiches de Poitiers*, 15 mai 1817.

Voici l'inscription que le curé de Montierneuf composa pour la circonstance, qui fut gravée sur cuivre et solennellement incrustée dans cette première pierre :

Anno Di MDCCCXVII.
Reduce velut divinitus ad Tronum Christsso Principe,
Ludovico XVIII,
clementiâ comitante paternâ, obviis undique cordibus,
Templum hoc
labente secº XI. a Guillmo VI Pictavii Comite erectum,
Nuper heu! teterrima revolone pollutum dirutumque.
Cœlo indulgente
supplicibus tum vener. Diœcesis gubernres de Moussac et Soyez
tum sollicitmi Parochi Fci Sabourin,
ac piorum largitorumque civium votis
e ruinis emersit,
Excello. Principum Philippi Arthesiæ comitis
Filii quoque ejus Ludci Antnii Engulism. Ducis
Nutui permunifico
hilariter obsequentibus
D. D. D. Dis
Duhamel nobilissimo Comite vigilimo provœ a Rege Præfecto
Guischard d'Orfeuil providssmo urbis præpositio ;
Brumauld de Beauregard dictæ præfti Præside legato,
Itemque Di Filleau dicti urbis præpositi vices gerente,
Guignard, Coutault, Doigny operi instantibus,
Thibault, Clement, Couturier, Doigny, Thomas
Munia parochia temporalia gerentibus
Tabulam hanc æneam lapidi subposito
Ad perpetuam rei memoriam inseruit.
Dus.........
Die... tertio
Mensis Maii

(1) Une de celles qui forment la dixième assise du gros pilier fait à neuf, le premier à main droite des quatre qui composent les angles du chœur.

Un ancien du sanctuaire me disait, il y a déjà bien des années, que notre rôle, à nous jeunes prêtres, n'était plus le même que le leur, au sortir de la grande catastrophe. Alors, prétendait-il, ils n'avaient été que des maçons ; ils n'avaient dû songer qu'à relever l'autel, à l'abriter de leur mieux contre l'injure de l'air et l'intempérie des saisons, avant de songer à l'embellir de toute la pompe du culte public, de tout l'éclat du savoir et de l'éloquence sacerdotale. Je lui répondis qu'en effet ils avaient été maçons, mais à la manière des juifs après la captivité de Babylone, qui tenaient d'une main la pioche du manœuvre et qui brandissaient de l'autre le glaive invincible de la milice sacrée.

Trois qualités font le curé : le talent administratif, l'usage fréquent de la prédication évangélique, et la charité bien entendue ; sans parler des autres fonctions et des autres vertus de la tribu sacerdotale. Le curé, c'est la troisième puissance ordinaire de l'Église ; c'est le maître dans sa paroisse, comme l'évêque dans son diocèse, comme le Pape dans toute l'Église : sauf toujours les différences d'*ordre* et les *dépendances canoniques*, qui n'en doivent être alors que plus étroites et plus rigoureuses. François Sabourin fut curé dans toute la force du terme, comme on l'était autrefois, et peut-être en ce sens n'était-il plus de son temps ; et si parfois il parut sévère sur 'article, jaloux de ses droits qu'il connaissait fort bien et qu'il savait faire parfaitement respecter, ce

fut autant pour remplir un devoir que par conscience de sa dignité pastorale.

Il faut avouer aussi que d'autre part on savait les
reconnaître et les respecter, ces droits : j'en donnerai pour preuve cette lettre de M. de Beauregard,
alors curé de la cathédrale, à son ami François Sabourin :

« Poitiers, 5 juin 1811.. — Monsieur et très cher
confrère, j'ai fait un acte irrégulier en acceptant la
confiance d'un jeune ouvrier de ta paroisse, nommé
François Tarret. S'étant présenté à moi, je l'ai reçu
tout d'abord, ne présumant pas de lui une persévérance soutenue. Ce jeune homme est venu à moi
non seulement avec assiduité, mais il a été tout
autant assidu à aller se faire instruire chez Mademoiselle *de Mondion*, qui dans ma paroisse recher-
che les anciens négligés.

« Comme je n'ai qu'à me louer de Tarret, il m'est
venu en pensée, sous ton bon plaisir, de l'admettre
à ma communion solennelle, dimanche prochain.
Sur cela, je l'ai invité à te demander ton agrément.
J'ai pensé : 1° qu'il pourrait en coûter à un *vieux* de
se joindre chez toi à ta jeunesse ; 2° que peut-être ce
jeune homme, peu adroit et peu éduqué, ne mettrait
pas dans les démarches toute l'amabilité possible.

« Mais comme la bonne foi l'a conduit à moi, que
la charité me l'a fait recevoir, ne peux-tu pas, par
simple charité aussi, me le délaisser ? Je m'en charge ;

c'est un chrétien que je t'aurai formé. Je te demande de lui dire seulement ce mot : *allez.* Alors je le recevrai ; sinon, je le laisserai à tes soins, et je demanderai à Dieu qu'il ne te rebute pas. Voilà, mon cher curé, ma conduite et mes demandes. Réponds tout ce que ta sagesse t'inspirera, et tout à la gloire de Dieu.

« Je t'offre à la hâte l'assurance du respectueux attachement avec lequel j'ai l'honneur d'être...

« BEAUREGARD. »

Cette lettre a quelque chose de celle de saint Paul à Philémon, au sujet de son esclave Onésime. Du reste, ce fait s'explique par l'habitude qu'avait M. de Beauregard de parcourir les rues de Poitiers avec une canne terminée par une crosse ou plutôt par une sorte de crochet. Tout homme qu'il rencontrait devant lui, quel qu'il fût, il lui passait par derrière le crochet de sa canne dans le col de son habit ou de sa blouse, en lui disant : « Où vas-tu donc, grand pêcheur ? » et à l'instant même il entrait en conversation, et la terminait par une bonne morale, à l'adresse de celui qu'il avait ainsi harponné. Dans ses prônes, quand il annonçait le carême ou les quatre-temps, il interpellait son paroissien Pacaud, marchand de morue, lui en demandait le prix, et, s'adressant ensuite à ses auditeurs : « Vous voyez bien, mes chers frères, que pour faire maigre, ça ne vous coûtera pas bien cher ». L'ancienne et cordiale amitié qu'il avait pour mon grand-oncle, le curé de Montierneuf, avait un peu rejailli sur moi-même : tout enfant, il m'avait donné un droit sur certains fruits de son jardin, faciles à cueillir. Vers l'âge de trois ans, il me conduisit lui-même par la main pour la première fois, aux écoles des Frères. Devenu, depuis, évêque d'Orléans, et moi élève du petit séminaire de Montmorillon, nous nous écrivions comme deux amis.

Ah ! les anciens !.... surtout les anciens curés !.... tels que nous les avons connus dans notre enfance et dans notre jeunesse, ils avaient une tenue que nous n'avons pas ; il est vrai qu'ils avaient passé *par l'é-preuve du feu* (1). Ils se croyaient curés de *droit divin*, comme successeurs des soixante-douze disciples de Jésus-Christ : et pourquoi pas ? cette prétention, si toutefois prétention il y a, ils la portaient bien, soutenue au fond de leur âme, par la plus grande humilité, et voilée, gazée au dehors par la plus aimable modestie. Ils tenaient beaucoup à leur étole pastorale, comme signe distinctif de leur juridiction. Aussi dans la lettre de M. de Moussac que nous verrons plus loin, et dans laquelle il annonce au curé de Montierneuf la dignité de chanoine honoraire qu'on vient de lui donner, le vicaire général ajoute que cette dignité « ne l'empêchera pas de porter son étole pastorale dans les processions générales du clergé de la ville ». Sans cette concession, je crois qu'il eût

_____

(1) Aurum ignitum. Apoc. III, 18.

refusé les insignes les plus brillants du canonicat.

Le curé de Montierneuf eut à exercer ses fonctions administratives dans une circonstance trop singulière pour ne pas en parler ici. C'était en août 1816, par conséquent à la fin de l'Empire et au commencement de la Restauration. Il se vit obligé de défendre l'aigle peint à côté de saint Jean l'Évangéliste, patron de sa paroisse, sur sa vieille bannière, et de prouver, dans une longue lettre au préfet d'alors, que cet aigle ne pouvait pas être un signe *séditieux*. Mais son talent administratif a brillé surtout dans ses rapports avec les diverses autorités, pour la restauration de son église et les autres besoins de sa paroisse. Les pièces nombreuses qu'il m'a laissées là-dessus entre les mains renferment toute une science des lois et des règlements sur la matière, rendue dans les termes les plus clairs et les plus techniques : entre autres. les procès-verbaux de la fabrique de Montierneuf, qu'il rassemblait aussi régulièrement et aussi solennellement qu'un conseil de ministres. Je me rappelle encore avoir dû disposer *ad hoc*, dans l'une des salles de la sacristie, une longue table recouverte d'un tapis assez riche, entourée de fauteuils, où venaient s'asseoir les bons marguilliers de Montierneuf, qui tous l'ont aidé, dans ses grandes entreprises, avec beaucoup d'intelligence et de dévouement. Il est une chose cependant que je ne m'expliquerai jamais que par une forte illusion de sa part : c'est un coffre-fort de son invention, véritable chef-d'œuvre en ce genre, vaste, bardé de fer, à triple serrure et scellé dans une muraille de la sacristie. *Officiel*, il est vrai, et *décrété*, mais pas jusqu'à cette perfection. il dut y mettre bien peu de chose de son vivant, au milieu de sa pauvre paroisse ; et son successeur après lui a dû souvent le laisser vide.

La seconde qualité du *curé*, c'est l'usage fréquent de la prédication évangélique. Le *curé* n'est pas orateur, ou plutôt il ne doit pas l'être, si l'on entend par là cet homme puissant par la parole, dont l'éloquence solennelle, pleine de grandes idées, de majestueuses figures, s'exprime toujours avec beaucoup de pompe et d'apprêt dans le ton et dans le geste. Le *curé* doit prêcher l'Evangile simplement, pratiquement. Or le curé de Montierneuf l'a toujours fait avec exactitude, je dirai même avec scrupule. Son style est pur, clair, distingué ; ses cadres supposent une connaissance profonde, étendue de la théologie et de l'Ecriture-Sainte ; du reste, il écrit lui-même, dans une de ses lettres « qu'il n'est pas ce qu'on appelle un orateur ». Il eut un défaut pour le commun des fidèles, c'était d'y mettre trop de raisonnement ; et si ses prônes ont parfois fatigué, c'est que cet esprit supérieur eût désiré dans son auditoire quelque chose d'un peu plus sympathique à la nature et à la trempe de son intelligence.

La troisième qualité du pasteur, c'est la charité, le zèle des âmes, et François Sabourin en a sauvé un grand nombre, à une époque surtout où tant d'esprits égarés et tant de cœurs malades avaient fait un si triste naufrage dans la foi et dans la vertu : nous en avons les preuves en main, qui montrent à ce sujet sa vigilance pastorale ; sa sévérité pour les garanties morales, trop excessives peut-être et trop de l'ancien temps ; enfin les déboires, les traverses , les insultes même que lui a valus la conquête de bien des âmes.

Sa charité pour les pauvres fut prudente et parfaitement organisée ; craignant surtout que l'aumône ne fût une prime à la paresse ou la débauche ; repoussant loin de lui la mendicité qu'il savait être telle, qui s'affichait sans pudeur et et sans honte ; recherchant au contraire et secourant lui-même la pauvreté qui se cache et qui n'en est que plus digne d'intérêt et de pitié. C'est là sans doute un genre de charité qui se fait peu connaître : attendu que de sa nature il agit dans le secret, et qu'il voile toujours à la main gauche ce qu'a fait la droite. Cependant, que de familles, dans la paroisse de Montierneuf , n'ont pas encore entièrement perdu le souvenir de ses bienfaits ! Combien, si elles l'osaient, qui pourraient dire : « Dans telle ou telle circonstance critique , il a été, non pas mon appui, mon soulagement, il a été mon sauveur ! »

Enfin son zèle ne s'est pas borné aux limites de sa paroisse ; il a formé aussi, pour l'Eglise, un grand nombre de prêtres ; et dans un temps où elle en avait un aussi pressant besoin, tous, ainsi que ses anciens vicaires, lui en exprimaient à l'occasion de sa fête ou de la bonne année, et dans *toutes* les langues

(en grec, en latin, prose ou vers, surtout en français),
les sentiments de leur profonde et affectueuse reconnaissance. Je ne nommerai que l'abbé Marsault,
mon premier maître de latin, prédécesseur de mon
frère comme doyen de Mirebeau, et que le curé de
Montierneuf affectionnait beaucoup, à cause de son
esprit, de son amabilité et de son excellent cœur.

Tant de mérites, de vertus et de travaux étaient
bien dignes des honneurs du canonicat. Il les reçut,
pendant la vacance du siège, de la part des grands-vi-
caires d'alors et du doyen du Chapitre. Voici les quelques mots d'éloge qu'ils lui adressèrent à ce sujet par
l'intermédiaire de l'un d'eux, M. de Moussac : éloges
qu'il ne faut pas prendre ici pour une simple formule
de politesse : « Monsieur, nous avons cru ne pouvoir mieux terminer notre administration que par un
acte de *justice* qui puisse prouver notre considération pour vous, notre affection particulière, et le
prix que nous attachons aux grands services que vous
rendez depuis si longtemps à notre sainte religion.
En conséquence, bien assuré que le Chapitre se tien-
dra très honoré et sera très aise de vous avoir pour
membre, nous vous avons, M. Dargence et moi,
nommé chanoine honoraire de la cathédrale... » Cette
lettre est datée du 13 septembre 1817, quelques mois
après la pose de la première pierre de la restauration de son église de Montierneuf (1).

(1) Et aussi l'année de la naissance de celui qui écrit ces
lignes.

Il voulait y mourir les armes à la main, dans l'exercice de ses fonctions pastorales ; mais le ciel décida le contraire. Chargé du poids de quatre-vingts ans, presque privé de la lumière du jour, tout en conservant l'œil de l'intelligence dans toute sa force et dans toute sa pureté, il sentit le besoin d'un successeur et se fit un devoir de donner sa démission. On l'accepta, et nous regrettons encore le prêtre zélé, pieux et charitable, si propre à continuer à sa manière l'œuvre de François Sabourin, et à laisser, comme lui, dans cette paroisse, de précieux et impérissables souvenirs (1). La vertu est immense, elle est infinie, puisqu'elle a Dieu-même pour son principe, sa source et son modèle : aussi quand elle se personnifie au milieu des mortels, elle y présente à notre estime une admirable et délicieuse variété.

Quelques années s'écoulent encore, pendant lesquelles l'ancien curé de Montierneuf trouve souvent l'occasion d'être utile et de rendre quelques services. Il donnait à tous les conseils de sa vieille expérience, à son successeur surtout qui les recevait, on peut le dire à sa louange, avec tout le respect, toute l'affection, toute la docilité d'un fils à l'égard de son père. Il édifiait les fidèles par une pieuse assistance à tous les offices de son ancienne paroisse. Il charmait encore par ses saillies tous ceux qui l'approchaient,

(1) M. Lacroix.

ou par ces amabilités qui dans sa personne n'ont jamais vieilli.

Dois-je ici passer sous silence un fait qui m'est personnel? Son neveu va mourir : le vieillard l'apprend; il s'en émeut et demande à le voir. Cependant, que d'obstacles s'y opposent ! La distance est longue, les rues difficiles, ses yeux peuvent à peine le conduire et la faiblesse de l'âge a gonflé ses jambes ! N'importe, il faut qu'il parte, il veut s'assurer par lui-même si le ciel jusqu'à ce point changera l'ordre des choses, et si le jeune lévite de vingt ans doit précéder dans la tombe le vieux prêtre plus que nonagénaire. Guidé comme un aveugle, il arrive péniblement, entre, s'approche de moi, branle la tête et part aussitôt, l'excellent vieillard, versant une larme et n'ayant plus l'espérance de laisser après lui quelqu'un de sa race dans la nouvelle tribu de Lévi. Pourquoi Dieu n'a-t-il pas voulu lui donner avant sa mort cette douce assurance et cette dernière faveur ? J'ignore ses desseins et ne cherche pas à les approfondir, tout en lui rendant à mon sujet de continuelles actions de grâces, comme d'un miracle de résurrection.

Enfin le dernier jour approche pour lui. Une chute fatale l'a devancé; après une courte maladie, le voici gisant sur son lit de mort. J'en appelle ici à ceux qui l'ont vu; j'en appelle à mes propres souvenirs: oh ! quelle mort ! Il me semble encore voir dans ses traits si calmes et si sereins, dans ses mains qui se joignent, dans ses lèvres qui prient et qui prononcent avec nous les prières des agonisants, il me semble voir le calme des anciens patriarches, jointe à la foi vive et profonde des véritables diciples de Notre-Seigneur Jésus-Christ. Il rendit son âme à Dieu le 20 mars 1840, à l'âge de quatre-vingt-onze ans : après une bonne vieillesse et des jours bien remplis : *mortuus est in senectute bonâ provectæque ætatis et plenus dierum.*

Voici l'inscription dont on a honoré sa mémoire, et qui est placée dans la sacristie de l'église de Montierneuf :

D. O. M.

Memoriæ

D. FRANCISCI SABOURIN,

Presbyteri, canonici Pictaviensis, qui hujus ecclesiæ Sti Joannis, olim Monasterii Novi Ordinis Cluniacensis, ab anno M D CC L X X X V I I ad annum MDCCCXXIX rector fuit.

Urgente sènio, ac præ modestia dissidens pastoralis ministerii onus, cui, si impar viribus, certe animo non fuit, exiit sponte, ac inter parochianos, anno Domini MDCCCXL, ætatis vero XCI, XIII calendas aprilis, pie obdormivit.

Gregem sibi commissum, annis XLIII, verbo et exemplo indesinenter pavit, atque sacræ ædis alter fundator, contra spem ferè solus sperans, for-

titer obstitit ne magna ex parte deleretur et penè
funditus curavit instaurari.

Pignus reverentiæ et amicitiæ

J. B. E. Lacroix, successor.

Testimonium grati animi

Guignard, Durand, Ginot.

Savatier, Couturier,

æditui hujus ecclesiæ (1).

(1) A la suite de cette inscription, il semble utile de relater
celle qui a été composée, au sujet des importantes restaura-
tions, exécutées à notre époque, dans la belle et célèbre église
de Saint-Savin (*ampla, ornata, Cathedraiique haud impar. D.
Estiennot*). Mgr Barbier de Montault voulait qu'elle fût gravée à l'intérieur du monument; mais on a jugé plus à propos
de l'inscrire ici. Plus tard, elle pourra être mise à la place que
lui destinait le savant archéologue.

R. D. Amatus. Petrus. Lebrun

hujusce. S. Savini. ecclesiæ. parochus

necnon. ejusdem. nominis. Christianitatis. decanus

ut. omnia. juxta. modum. antiquum

restitueret.

sponte. sua. aere, a. fidelibus. conlato

ab. anno. Dni. M. DCCC. LXI

fere. IV. lustris. elapsis

aram. principem. erexit.

cryptam. medianam. duplici. aptioriq.

scala auxit

alteram. S. Marini. diu. neglectam. aperuit.

aras. minores. stabilivit. ornavit.

denique. pietati. providens

et. simul. aedem. sacram. complens

stationes. Viae. Crucis

ad. monumenti. formam. magnifice. extruxit.

quod. Dei. honori. sit. in. aevum

et. laudi. pastoris. vigilantiss.

Cette inscription ne porte pas le titre de chanoine honoraire de la cathédrale de Poitiers, dont le curé doyen de Saint-
Savin n'a été gratifié par Monseigneur Bellot des Minières que
quelques années plus tard, le 19 mars 1882.

Terminons comme nous avons commencé, avec le seul sentiment d'avoir rempli un devoir de reconnaissance, et aussi peut-être d'avoir été utile à certains esprits de notre temps, par les documents nombreux et importants que nous avons cités : ils ont dû en recevoir quelques bonnes leçons. Je n'achèverai pas cependant sans exprimer deux vœux qui s'échappent du fond de mon cœur : l'un pour la patrie et l'autre pour l'Eglise. Oh ! que notre chère patrie ne soit plus éprouvée comme elle le fut de son temps !... Pauvre France ! il t'aimait comme un des meilleurs de tes fils, et t'a quittée les larmes dans les yeux ; il t'a revue avec allégresse, il t'a pardonné ! Puisses-tu n'avoir pas encore de pardon à recevoir, pour d'autres larmes non moins amères, pour d'autre sang non moins pur, non moins sacré !...

Mon second vœu est pour ma foi, pour notre belle et sainte Église de France. Hélas ! sans aller jusqu'au sang, elle subit, à l'heure qu'il est, une persécution d'autant plus dangereuse qu'elle est plus sourde et plus hypocrite. Cependant voici ce qu'écrivait François Sabourin du fond de son exil. Était-ce de sa part une illusion sacerdotale et patriotique ? Est-ce présentement une prophétie d'outre-tombe ? Je vous laisse, cher lecteur, le soin de prononcer vous-même :

« J'ai une ferme confiance que la religion catholique reprendra l'empire qui lui a été assuré pour tou-

jours par la parole de Dieu même, et dont les révo-
lutions ne peuvent tout au plus qu'embarrasser
l'exercice. Je ne compte point pour cet effet sur un
miracle, qui, selon les apparences, serait indispensable pour opérer le retour tant désiré en faveur de
la génération présente. Dieu ne doit à personne ce
coup d'éclat surnaturel; et je ne suis nullement édi-
fié des discours de certains Français qui semblent
calculer les vues de la Providence par les désirs dont
ils sont affectés, et ne peuvent supporter qu'on craigne
à ce point la justice divine, qu'elle veuille propor-
tionner la durée du châtiment à la durée des crimes
qui en ont été la cause. Évitons de ressembler à ces
faux prophètes de qui le Seigneur lui-même a dit :
« Ils vous font des prophéties menteuses... et vous annoncent les séductions de leur propre cœur. » Le cours
ordinaire des choses humaines toujours dirigé par la
sagesse de Dieu à l'exécution de ses desseins, ramè-
nera infailliblement l'ordre interrompu, le fera
reparaître avec de nouveaux traits de beauté; et voici
peut-être les degrés qu'il suivra dans sa marche jusqu'à cette époque heureuse: les principes de séduction qui ont plongé la France dans l'état où elle est
réduite sont de nature à germer avec force dans la
très grande majorité des cœurs qui recevront la semence fatale. Les semeurs sont sans nombre, ils
sont infatigables, la surface du globe est le champ
dont ils aspirent à faire leur domaine, et malheureusement leur succès n'est que trop probable. *L'er-*

reur de la liberté et de l'égalité fera le tour du monde. Les peuples, épris d'un charme aussi puissant que faux, ne seront désabusés que lorsque les fruits de la semence ayant acquis une parfaite maturité, ils seront convaincus après une longue et pénible attente, de toute leur amertume.

« Alors le charme cédant à la réalité et le dégoût ramenant les hommes à un état de sang-froid qui les dispose à écouter, sans prévention et sans fureur, tout ce que les sages vrais ou prétendus entreprendront de leur faire entendre sur leur état et les moyens d'en adoucir la rigueur : parmi les orateurs et les écrivains , nous ne pouvons pas douter que Dieu n'en suscite de véritablement chrétiens , qui, animés de l'esprit de Jésus-Christ, tirent de dessous le voile sa morale et sa doctrine. Alors elle paraîtra aux yeux de l'univers d'autant plus belle et plus éclatante qu'on saura que c'est pour l'avoir rejetée, que ceux qui l'apostasiaient ont couvert la terre d'horreur. Elle ne triomphera pas moins *de la philosophie des Français républicains,* que de celle des Romains et des Grecs. Heureuses les générations auxquelles sont réservés les fruits de ce triomphe (1)!... »

Ces temps fortunés , les a-t-on déjà vus ? Je ne le pense pas. Nous touchent-ils de près ? Dieu seul le

(1) L'Eglise, tout en gardant ses préférences accepte, toutes les formes de gouvernement, et elle est l'adversaire des *mauvais* monarchistes comme des *mauvais* républicains ; mais, plus que les monarchies, les républiques qui veulent *vivre* doivent

sait... Écoutons ce que me disait à Poitiers, il y a quelque temps déjà, dans une visite de respectueuse reconnaissance que je lui ai rendue, et avec cette bienveillance cordiale que ses souffrances rendaient encore plus vénérable, Monseigneur Cousseau, ancien évêque d'Angoulême, et l'un de ceux qui ont le mieux apprécié François Sabourin : « Mon ami, je vous ai toujours beaucoup aimé à cause de votre oncle..... Quelle science il avait ! quelles connaissances variées ! quel jugement sûr !... Je n'en ai guère rencontré de cette force. Je n'oublierai jamais, ajouta-t-il, ce trait qu'il m'a raconté lui-même : il partait pour l'exil ; son père, lui préparant à la hâte son bagage de proscrit, n'y mettait que deux saisons de son bréviaire (qui sont, on le sait, comme celles de l'année, au nombre de quatre) ; son fils lui en fit alors l'observation et réclama les deux autres. — « Mais, mon fils, dit le père, ça ne durera pas six mois... — Ça ne durera pas six mois, mon père ? Ça durera bien cent ans !... »

vivre en paix avec elle, respecter ses droits et ses libertés nécessaires ; autrement il y a lutte, et lutte inégale : c'est l'histoire de la lime et du serpent.

TABLE DES MATIÈRES.

9 782019 995225